W0039268

JOACHIM GRAF

ERST HAT MAN KEIN GLÜCK UND DANN KOMMT AUCH NOCH PECH DAZU

Warum die Welt
so fies, gemein und
hinterhältig ist ...

WILHELM HEYNE VERLAG
MÜNCHEN

Mix
Produktgruppe aus vorbildlich bewirtschafteten
Wäldern und anderen kontrollierten Herkünften
www.fsc.org Zert.-Nr. SGS-COC-001940
© 1996 Forest Stewardship Council

Verlagsgruppe Random House FSC-DEU-0100
Das für dieses Buch verwendet
FSC-zertifizierte Papier *Holmen Book Cream*
liefert Holmen Paper, Hallstavik, Schweden.

Originalausgabe 07/2010

Printed in Germany 2010
Redaktion: Angelika Lieke
Umschlaggestaltung und Illustration:
Nele Schütz Design, München
Satz: C. Schaber Datentechnik, Wels
Druck und Bindung: GGP Media GmbH, Pößneck

ISBN: 978-3-453-60150-5

www.heyne.de

WIDMUNG

*Dieses Buch ist all jenen positiv gestimmten
Menschen gewidmet, die mit der alltäglichen Krise
leben wollen – und deswegen als unverbesserliche
Optimisten davon überzeugt sind, dass heute auf jeden
Fall ein besserer Tag ist als morgen.*

*Und meiner Frau Gerti, die das Pech hat, mit dem
Glück ihres Lebens verheiratet zu sein.*[1]

---

[1] Nicht zu vergessen Carina und Manuel, die ich mit vorgehaltener Waffe gezwungen habe, das Manuskript vorab zu lesen und mir ehrlich ihre Meinung zu sagen (immerhin durften sie die Tafel Schokolade anschließend essen).

Inhalt

Zum Geleit

*Erst ging was in die Grütze, dann hatten
wir kein Glück, und dann kam auch noch
Pech dazu. Shit happens, und meistens gilt
dann Murphy's Law.*

Der zweite Chefredakteur von ARD aktuell,
Thomas Hinrichs, nachdem die ARD bei der
Fußballeuropameisterschaft 2008 in der
Hauptnachrichtensendung dank einer
elektronischen Bildbearbeitung die
Deutschlandflagge rot-schwarz-gold zeigte.

Das Glück und das Pech sind in der Welt völlig trans-
parent verteilt. Die Lottogewinne und den Traumjob
haben andere. Vögeln wie Ihnen oder mir bleibt nur
das Pech übrig. Ich möchte in diesem Buch deswegen beispielhaft einige wenige – dafür aber ganz besonders garstige – Bereiche hervorheben, in denen
es bevorzugt zuschlägt. Da sind zum einen die Rei-

sen, die belegen, dass das Pech uns treu bleibt – ganz egal, wohin es uns verschlägt, und ganz unabhängig davon, ob wir zu sonnigen Urlaubszielen oder öden beruflichen Terminen unterwegs sind. Dann die Arbeitswelt mit all ihren schwierigen Kunden und nervigen Kollegen (ganz besonders gut zu beobachten in den Bereichen rund um Vertrieb und Marketing) und natürlich das Gebiet mit dem allergrößten Verdrusspotenzial – die digitale Welt.

Sie werden sehen, Menschen wie Sie und ich können gar nichts für ihr Pech. Aber wenigstens befinden wir uns dabei in bester Gesellschaft. Das hilft zwar nicht, mag aber trösten, bevor wir mit der einzigen Waffe zurückschlagen, die uns bleibt: der Resignation.

Gegen den Glücksterror:
Die Antwort der Realität auf
Hirschhausens[2] Märchen

Der Mensch ist von Haus aus ein Pechvogel.[3] Das Einzige, was dabei herauskommt, wenn man sich bemüht, seines eigenen Glückes Schmied zu sein: Der Hammer fällt einem auf den linken Fuß, während man versucht, sein Gleichgewicht zu halten, nachdem man sich den großen rechten Zeh am Amboss gestoßen hat und auf einem Bein durch die Schmiede hüpft. (Nicht zu vergessen, dass man sich wahrscheinlich spätestens dann die fuchtelnde Hand am Schmiedefeuer verbrennt. Aber ich will ja nicht unken.)

---

[2] Steckbrief unter *http://de.wikipedia.org/wiki/Eckart_von_Hirschhausen*.
[3] Nichts gegen Eckart von Hirschhausen. Es gibt sicher Menschen, die Glück haben. Irgendwer gewinnt ja jede Woche den Jackpot im Lotto. Nur ich bin es nie. Und auch niemand, den ich kenne. Und auch niemand, den jemand kennt, den ich kenne. Für all diese normalen Menschen – also für alle Pechvögel – ist dieses Buch bestimmt.

»Du hast kein Pech«, wollen uns die Glücksterroristen auf dem Fernsehbildschirm weismachen. »In Wahrheit hast du eigentlich sogar Glück. Du bist lediglich zu dumm, zu ignorant, zu eingebildet, um es zu erkennen!« Das bedeutet also: Normale Pechvögel wie Sie und ich sind selbst schuld, wenn sie nicht glücklich sind. Glücksbücher sind so etwas Ähnliches wie Gehirnwäsche für Fortgeschrittene: Man schiebt eine nicht unerhebliche Summe über den Ladentisch, nur um zu lernen, dass schwarz eigentlich weiß ist und nass eigentlich trocken.

Diese Ratgeber arbeiten mit rhetorischen Fragen, bei denen sie Ihnen als Opfer jede Menge Schuldgefühle einbläuen wollen. Zum Beispiel mit einer Frage wie dieser: »Stellen Sie sich vor, Sie selbst wären das Glück. Würden Sie dann gerne bei sich vorbeikommen?«[4]

»Natürlich nicht«, antworte ich prompt darauf. »Denn wenn ich das Glück wäre (was ich nicht bin) und mich besuchen würde (was ich in diesem Fall auf gar keinen Fall täte), würde ich (das Glück) spätestens im Flur über die dort stehenden Schuhe von mir (dem Ich-Ich) stolpern, beim Ausweichen dem dort schlafenden Hund auf den Schwanz treten und unter Schreien und mit einem Hundegebiss im Hinterteil fluchtartig die Wohnung wieder verlassen. Ver-

---

[4] Aus: »Glück kommt selten allein« von Eckart von Hirschhausen.

mutlich würde ich in der Klinik meine Tetanus-spritze von Eckart von Hirschhausen bekommen, der mir – bevor ich mit Allergieschock ins Koma falle – Vorträge darüber zu halten versucht, weshalb ich jetzt aus dialektischen Gründen den gesamten Vorfall lustig finden muss.«

Nein, ich würde auf keinen Fall bei mir vorbeikommen, wenn ich das Glück wäre. (Was auch besser ist. Dann spare ich mir den Tierpsychologen für den neurotisch gewordenen Hund und muss auch den Hausflur nicht neu streichen. Blutspritzer sind bekanntlich schwer zu entfernen.)

Ich als Glück ginge – ist ja klar – zu irgendjemand ganz anderem als zu mir. Zum Beispiel würde ich als Glück zu einem Arzt gehen, der als Komödiant unterwegs ist, und sagen: »Hey, ich bringe alle 56 Bücher von dir in die Top Ten der Bestsellerliste. Und dann mache ich aus den Hör-CDs zu jedem Bestseller einen Verkaufsschlager. Und damit sich deine Veranstaltungen ordentlich verkaufen, kriegst du auch noch jede Menge Fernsehauftritte.«

Zu mir (also zu mir-mir, nicht zu Glück-mir) kommt in der Zwischenzeit der schwarze klebrige Bruder des Glücks. Und der sagt: »Hey, du hast gerade ein Buch geschrieben. Klasse, das stecke ich am besten mal dem Finanzamt, damit sie bei dir eine unangemeldete Steuerprüfung machen können. Ach, es ist vom Autorenhonorar noch etwas übrig? Dann stelle ich deinem Jüngsten auf der U-Bahn-Rolltreppe ein Bein, damit er sich einen Zahn ausschlagen kann. Dass die Krankenkasse nur einen Teil der Rechnung erstattet, ist ja klar.«

Beim Hinausgehen wird sich dann das Pech noch einmal zu mir umdrehen, mir zuzwinkern und sagen: »Aber nicht vergessen: Immer schön glücklich bleiben.«

Und kurz bevor die Tür endgültig ins Schloss fällt, höre ich es aus dem Treppenhaus noch rufen: »Bis zum nächsten Mal! Also dann bis morgen oder so.«

Glück ist nicht selbstverständlich. Pech hingegen schon. Wohl kein Forschungsergebnis, keine philosophische Betrachtung und auch keine Marktanalyse hat mehr zum Verständnis unserer modernen Industrie- und Informationsgesellschaft, der Welt und ihrem Verhältnis zum Einzelnen[5] beigetragen als das Gesetz von Murphy. Wer sich vor Augen führt, dass alles, was schiefgehen kann, auch wirklich schiefgehen wird, der wird durchdrungen von einem tiefen Verständnis für die Welt, das Leben an sich und dem ganzen Rest.

Murphys Gesetz ist die Präzisierung und logische Weiterentwicklung der allgemeinen Entropielehre, nach der alle Teilchen des Universums bestrebt sind, sich in größtmöglicher Unordnung anzuordnen. Die Erkenntnis, dass besagte Teilchen einem auf dem

---

[5] Kurzfassung aus der Sichtweise der Welt: »Ich – Täter. Du – Opfer.«

Weg dorthin mindestens einmal auf die Zehen fallen,[6] führt zu Murphys Gesetz, das sagt:

1. Wenn etwas schiefgehen kann, dann wird es auch schiefgehen.
2. Es wird Ihnen widerfahren und nicht Ihrem dummen Nachbarn.
3. Es wird zum schlimmstmöglichen Zeitpunkt passieren.
4. Sie werden neben dem Schaden auch noch den Spott haben.

Punkt vier bringt mich dabei auf besagtes Buch besagten Autors, an dem man zurzeit einfach nicht vorbeikommt. Selbst als ich meiner Kollegin Andrea einen Besuch abgestattet habe, die die Weihnachtsfeiertage von ihren Kindern getrennt im Krankenhaus verbrachte, weil der Arzt ihr Knie zum dritten Mal aufschneiden musste, lag dort ein »Glück«-Buch auf ihrem Nachttisch. Und zwischen ihren Schmerzwellen säuselte sie mich unablässig an, wie sich dank dieses Buches ihr Leben verändert hätte. Weil sie nun die wahren Ursachen des Glückes erkannt hätte: »Das Buch ist sooo toll. Das musst du unbedingt lesen.«

---

[6] Am besten in Form eines Hammers oder etwas anderem möglichst Schmerzhaften. In keinem Fall in Form eines weichen Kissens oder eines Hunderteuroscheins.

»Nö. Muss ich nicht!« (Das habe ich aber nicht laut gesagt.)

Denn erstens führe ich Andreas Glücksausbruch auf eine medikamentöse Ursache zurück. Und zweitens werde ich mir meine Vorurteile über das Buch und seinen Autor nicht dadurch kaputt machen lassen, dass ich es wirklich lese.

Hinzu kommt, dass man Kranke bekanntlich nicht aufregen sollte. Und meine Kollegin Andrea erst recht nicht, schließlich leidet sie unter angeborenem Bluthochdruck – und ein Herzinfarkt würde wohl selbst ihr Glücksgefühl beeinträchtigen. Ich bin ohnehin der festen Überzeugung, dass Glück vor allem eine Sache der Chemie ist und nicht des Verstandes. Aus dem Volksmund stammt schließlich der Satz: »Ich bin besoffen vor lauter Glück.« Und nicht: »Ich bin besoffen vor Pech.« Auch enthalten die chemischen Cocktailbars von Ärzten, Krankenhäusern, Apotheken und Drogendealern jede Menge Glückspillen – aber keine einzige Pechpille.[7]

Apropos »hirnloses Grinsen«: Schließlich gibt es zwar körpereigene Glückshormone – die Endorphine –, aber keine körpereigenen Pechhormone –

---

[7] Dass die Glücklichmacher der Drogendealer und anderer Angehöriger der legalen und illegalen Pharmaindustrie letztlich unglücklich machen, weiß jeder, der einmal einen Drogenabhängigen gesehen hat.

die dann vermutlich Exorphine heißen müssten. Das körpereigene Pech ist schließlich mit jedem einzelnen Molekül unseres Körpers fest verbunden, so dass es keine separaten körpereigenen Chemiefabriken zu dessen Produktion benötigt.

Um Glück zu haben, reicht Chemie. Pech hingegen benötigt Verstand.

Ich, das Universum und der ganze Rest: Warum Pech mathematisch nicht nur wahrscheinlich, sondern unausweichlich ist

Der erste Mensch, dem aufgefallen ist, dass irgendetwas an dem Universum, dem Leben und dem ganzen Rest seltsam ist, war ein Science-Fiction-Autor. Wie immer im Leben braucht es offensichtlich einen Spinner, um die Wahrheit zu entdecken.

Würde man meine allerliebste Ehefrau jetzt fragen, so würde sie erklären, dass genau dies der Grund sei, weshalb ich Bücher schreibe. (Zum Glück fragt sie keiner.)

Der Science-Fiction-Autor John W. Campbell Jr. postulierte »Finagles Gesetz des dynamischen Negativen«. Es leitet wissenschaftlich her, dass es einen mathematischen Grund gibt, weswegen das Pech einem an den Schuhen klebt wie – nun, sagen wir: wie Pech. Kaum hatte er dieses Gesetz formuliert, erlebte er die Wirksamkeit von Finagles Gesetz am eigenen Leib. Er wurde nämlich durch einen dummen Zufall um die Frucht seiner Entdeckung[8] gebracht, die als »Murphys Gesetz« ihren Weg um die Welt nahm:

Im Jahr 1949 nahm der Ingenieur Captain Murphy auf einem kalifornischen Testgelände am Raketenschlitten-Programm der US Air Force teil. Ziel dieses überaus kostspieligen Experiments war es herauszufinden, welche Beschleunigungen der menschliche Körper aushalten kann. Dazu mussten am Körper der Testperson 16 Messsensoren befestigt werden. Diese Sensoren konnten auf zweierlei Arten befestigt werden: auf die richtige Art – und so, wie sämtliche Sensoren schließlich angeschlossen waren.

Murphy formulierte Finagles Gesetz, das dann als Murphys Gesetz weltberühmt wurde. Weswegen John W. Campbell keinen Literatur-Nobelpreis bekam (Captain Murphy übrigens auch nicht): »*Wenn es mehrere Möglichkeiten gibt, eine Aufgabe zu erledigen, und eine davon in einer Katastrophe endet oder sonst wie unerwünschte Konsequenzen nach sich zieht, dann wird es jemand genau so machen.*«

Ich kann Murphys Gesetz übrigens mathematisch beweisen (und bekomme, so wie ich die Sache einschätze, dafür ebenfalls keinen Nobelpreis. Weder den für Literatur noch den für Mathematik). Um nämlich festzustellen, wann ein für uns übler Vorgang – beispielsweise der Programmabsturz am PC

---

[8]   Den Literatur-Nobelpreis oder sonst eine formschöne Auszeichnung, auf die Science-Fiction-Autoren scharf sind.

ohne vorherige Sicherung der Arbeit – tatsächlich eintritt, muss man seine Wahrscheinlichkeit berechnen.

Die Wahrscheinlichkeit eines beliebigen Ereignisses wiederum wird von jedem durchschnittlich begabten Statistiker wie folgt definiert:

$$\text{Wahrscheinlichkeit} = \frac{\textit{Zahl der tatsächlichen Ereignisse}}{\textit{Zahl der möglichen Ereignisse}}$$

Rechnen wir also aus, wann wir Pech haben, indem wir in diese Formel den für uns negativen Fall einsetzen:

$$\text{Wahrscheinlichkeit (Pech)} = \frac{\textit{Zahl der möglichen Missgeschicke}}{\textit{Zahl der möglichen Ereignisse}}$$

Die Zahl der möglichen Missgeschicke ist groß, die Zahl der möglichen Ereignisse ebenfalls. Allerdings: Durch die verstreichende Zeit sinkt die Zahl der möglichen Ereignisse, während natürlich die Zahl möglicher Missgeschicke unverändert hoch bleibt. Der Zähler des Bruchs ist also eine große Zahl, sein Nenner eine kleiner werdende Zahl. Irgendwann wird dieser Bruch infolge den Wert »1« erreicht haben. Eine Wahrscheinlichkeit von »1« ist für den

Mathematiker der Zeitpunkt, an dem ein Fall garantiert eintritt.

Das bedeutet im Klartext: »*Wenn man nur lange genug wartet, ist es nicht nur wahrscheinlich, sondern zu 100 Prozent sicher, dass man Pech hat.*« Was einem natürlich schon der gesunde Menschenverstand sagt.

Sie misstrauen dem gesunden Menschenverstand? Oder Sie gehören zu den sieben von fünf Menschen, die mit Mathematik ihre Schwierigkeiten haben? Dann lassen Sie mich auf eine andere mathematische Art beweisen, warum das Glück um Menschen wie Sie und mich einen großen Bogen macht – während das Pech umgekehrt auf Sie und mich genau so reagiert, wie eine Büroklammer auf einen Büroklammermagneten.

Ich postuliere dazu zunächst einmal, dass das Pech größer ist als das Glück (was ja zwar eigentlich eine Erkenntnis ist, die jeder normale Mensch sofort unterschreiben wird, aber es geht hier ja um den mathematischen Beweis; Ausnahme sind natürlich die Glücksritter, also Lottogewinner und Autoren von Glücks-Büchern. Aber die laufen ja sowieso außer Konkurrenz):

$$Pech > Glück$$

Wir setzen in diese (Un-)Gleichung unsere Wahrscheinlichkeitsformel ein. Pech tritt also ein:

$$\frac{\text{Zahl der möglichen Missgeschicke}}{\text{Zahl der möglichen Ereignisse}} > \frac{\text{Zahl der möglichen Erfolge}}{\text{Zahl der möglichen Ereignisse}}$$

Die Zahl der möglichen Ereignisse steht auf beiden Seiten unserer Ungleichung, wir können also durch Kürzen die Ungleichung vereinfachen:

$$\text{Zahl der möglichen Missgeschicke} > \text{Zahl der möglichen Erfolge}$$

Was logisch ist: Es gibt tausend Arten, weswegen etwas schiefgehen kann. Aber es muss schon sehr viel zusammenkommen, damit etwas funktioniert und ein Erfolg wird.

Wer also (wie Sie und ich) mehr Pech als Glück im Leben hat, der braucht nicht zu verzweifeln (auch wenn das natürlich hilft). Denn er weiß ab heute: Es liegt an der Mathematik. Und gegen die ist bekanntlich kein Kraut gewachsen.[9]

---

[9] Diese Erkenntnis löst natürlich keines der damit zusammenhängenden Probleme. Aber immerhin fühlt man sich nicht mehr ganz so alleine auf der Welt.

Reisen: Warum es anderswo auch nicht besser ist

Hotels: Die snobistische Fortsetzung von Barbarei und Plünderung

»*Liebling?!*«, flötet meine Frau. Alarmiert richte ich mich in meinem Sessel auf. Meine Augen öffnen sich zu ihrer vollen, wohlgeformten Rundung, Blut schießt in meine Ohren. Das passiert ganz automatisch, wenn mein Körper in den Alarmmodus schaltet.

Denn wenn meine Frau »Liebling« sagt, dann will sie mir in aller Regel etwas Dramatisches, etwas Katastrophales oder etwas lebensverändernd Wichtiges mitteilen. Zum Beispiel, dass die Twin Towers eingestürzt sind, der Iran Israel mit Atombomben angegriffen hat, meine Tochter zum dritten Mal heiraten will (zum Glück habe ich keine Tochter) oder ich den Müll schon wieder nicht runtergebracht habe.

Der flötende Unterton ist allerdings das akustische Signal für einen Wunsch. Wenn meine emanzipierte Frau sich auf Flöten verlegt, dann ist ihr Wunsch unangenehm (für mich). Oder teuer (dito). In der Regel beides.

Ein geflötetes »Liebling« signalisiert also: *»Ich hätte gerne etwas von dir, was du auf den Tod nicht ausstehen kannst, aber wage es nicht, dich in irgendeiner Weise dagegen aufzulehnen, sonst passiert etwas Dramatischkatastrophales wie beispielsweise ein mehrstündiges Beziehungsgespräch.«* Mein Stolz auf meine Fähigkeiten als Frauenversteher wird nur von meinem Grauen übertroffen. Denn sie setzt hinzu: *»Ich würde gerne mal wieder mit dir ein Wochenende in einem kleinen Hotel verbringen.«*

Nun habe ich grundsätzlich nichts dagegen, mich mit meiner Frau für längere Zeit ungestört in einem Raum aufzuhalten, dessen wesentlicher Einrichtungsgegenstand ein großes Bett ist. Allerdings hat sie das »H«-Wort ausgesprochen, was mich für gewöhnlich frösteln lässt. Für meine Frau ist ein Hotel ein Ort, in dem auf geheimnisvolle Weise das Bett stets frisch gemacht ist, drei warme Mahlzeiten auf den Tisch kommen, die Handtücher gewaschen sowie Bad und Klo geputzt werden. Kurz: Für sie ist ein Hotel das, was für mich unsere gemeinsame Wohnung ist.

Für mich wiederum ist ein Hotel ein Ort, wie er im Kino gezeigt wird – meist mit Titeln, die auf »... des Grauens« oder »... des Entsetzens« enden. Dort (im Kino, nicht im Hotel) werden zwar auf pädagogisch ausgesprochen befriedigende Weise für gewöhnlich nervige US-Teenager ihrer gerechten Bestrafung zugeführt. Allerdings sind am Schluss die Überlebenden (wenn es denn welche gibt) zutiefst verstört, traumatisiert und geschockt. Kurz: Sie sind genau das, was ich bin, wenn ich ein reales Hotel endlich wieder verlassen darf – nur bekommen die Schauspieler Geld dafür, während ich nach Ende eines Hotelbesuchs geplündert bin wie Rom nach dem Abzug der Barbaren.

Was kein Wunder ist. Denn wenn ein durchschnittlich begabter Barbar am Projektende, also nach all dem Plündern und Vergewaltigen, seinen Beutel voll mit geraubtem Geschmeide und schmutzigen Socken geschultert hatte, dann wusste er für gewöhnlich, was er wollte: nämlich seinem erwählten Beruf nachgehen.

Deswegen ging ein aufstiegsorientierter Barbar, wenn er etwas auf sich hielt, zum einzigen noch brutaleren Barbaren, den er kannte – zum Immobilienmakler in der Region –, erstand von dem Erraubten einen Gasthof und vererbte diesen irgendwann seinen Nachkommen.

Diese üben, viele Generationen später, noch immer dasselbe Gewerbe wie ihr Urahn aus – teilweise zumindest (über das mit dem Vergewaltigen möchte ich kein Urteil abgeben, nur bei der Sache mit der Plünderung bin ich mir ganz sicher). Der Barbar von heute also wird nicht nur vom Gesetz gedeckt, sondern trägt auch statt verflohtem Fell oder unbequemer Rüstung maßgeschneiderte Anzüge mit Schlips und bei Bedarf zweireihige rote Jäckchen.

Sie verstehen also, dass ich eine tiefe Abneigung habe, mich freiwillig dem Akt der Plünderung zu überlassen. Aber es geschieht, was immer passiert, wenn männliche Logik und weibliche Intuition aufeinandertreffen: Ich verliere.

Und so stehen wir drei Wochen später mit unserem Gepäck vor dem Eingang von etwas, was das Online-Reisebüro folgendermaßen beschrieben hatte: »*Entzückendes Chalet*« (übersetzt: »teuer«) »*in zauberhafter Umgebung*« (»besonders teuer und am Arsch der Welt«), »*mit exklusivem Ambiente*« (»teuerteuerteuer«) *und* »*verfügt über einen großen Sport- und Wellnessbereich*« (»teuer für alle, die diesen Bereich nutzen – insbesondere für diejenigen, die mit einer Frau wie meiner dort anreisen«) »*und eine ausgezeichnete Küche*« (»extrem teuer, fragwürdige exotische Zutaten, winzige Portionen«).

Während ich mit dem für unseren Wochenendaufenthalt ausreichenden Kleingepäck angereist bin, hat meine Frau mit Zähnen und Klauen um jedes Einzelteil gekämpft, das sie in die Armada ihrer Schrankkoffer versenken wollte. Am einfachsten war es noch gewesen, sie bei der Zahl der mitgenommenen Paar Schuhe zu bremsen. »Mehr als 33 Paar«, habe ich in meiner männlich-dominanten Art von Anfang an beharrt, »nimmst du nicht mit.«

Mein schwaches Weib hat mit gesenktem Kopf meiner Anordnung Folge geleistet. Nachdem kein einziger Schuh mehr als die von mir genehmigte Anzahl in den Tiefen des Schrankkoffers verschwunden war, verzichtete sie leichten Herzens auf den verbliebenen Inhalt ihres Schuhschranks. Nicht zuletzt deswegen, weil der dort einzig noch stehende rote Pelzstiefel etwa Schuhgröße 62 hat und von der Familie ausschließlich am 6. Dezember für die Bestückung mit Schokolade, Nüssen und Lebkuchen verwendet wird.

Bei der einzupackenden Bekleidung mischte ich mich dann nicht mehr ein, als mein Einwand, dass sie doch lediglich ein paar Spitzennegligés mitnehmen müsse, weil ich sie darin am liebsten sähe, mit einem geschnaubten »Männer!« vom Tisch gefegt wurde.

Ich musste lernen, dass eine Frau von Welt nur dann für ein Wellness-Wochenende in einem Hotel einchecken kann, wenn sie für jeden sich eventuell ergebenden Anlass auch das richtige Outfit dabeihat. Unter »sich eventuell ergebende Anlässe« fallen für meine Frau eine Einladung zum Tee, ein informelles Abendessen, ein formelles Abendessen, der Opernbesuch, ein Junggesellenabschied, eine Hochzeit, eine Scheidung, eine Beerdigung, die Teilnahme an einem Mordgerichtsprozess, ein Zirkusbesuch, eine morgendliche Ausfahrt in der Kutsche, ein Ausritt hoch zu Pferde, eine Fuchstreibjagd, eine

Tigertreibjagd im indischen Dschungel mit anschließendem Ausritt auf dem Elefanten, ein Besuch der
Internationalen Raumstation sowie die Krönung des
nächsten englischen Königs.

Immerhin konnte ich mich beim Thema Papst-
wahl durchsetzen, als ich einwarf, dass weder ich
noch meine Frau katholisch geschweige denn einer
von uns Kardinal sei. Schweren Herzens (und nicht,
ohne mir vernichtende Blicke zuzuwerfen) hatte
sie daraufhin Talar und scharlachrotes Birett wieder ausgepackt. (Die Soutane entdeckte ich erst später. Sie hatte sie zwischen ihren Unterröcken ver-
steckt.)

Handtücher packt meine Frau immer ein, völlig
unbeeindruckt von der Tatsache, dass seit Mitte des
letzten Jahrhunderts kein einziges Hotelzimmer mehr
ohne frische Handtücher gesichtet wurde.

»Man kann ja nie wissen«, ist hier ihr Totschlag-
argument. Das Bügelbrett konnte ich ihr ausreden –
ich versprach, ihr höchstpersönlich als Bügelbrett
zu dienen, sollte sie ein solches benötigen und es
im Hotelzimmer keines gäbe. Mein Engagement als
Föhn und als Bügeleisen wollte sie mir hingegen
nicht abnehmen, weswegen beides in den mittlerweile gut gefüllten zweiten Koffer wanderte.

Eine längere Auseinandersetzung hatten wir bezüg-
lich Kühlschrank, Waschmaschine und Herd. Während mir gute Argumente einfielen zu Kühlschrank
(»Gibt es in jedem Hotelzimmer«, »Wir gehen ein-

fach an die Bar, wenn du etwas brauchst, und dann kannst du gleich dein neues Cocktailkleid vorführen«) und Herd (»Wir gehen doch sowieso immer essen, weil du ja deine neuen Abendkleider vorführen willst«), hatte ich anfangs Argumentationsnöte, was unsere Waschmaschine betraf.

Meinen Einwand: »Du hast doch so viel zum Anziehen dabei, dass du die nächsten drei Jahre nicht waschen musst«, interpretierte die liebste meiner Ehefrauen als persönlichen Angriff auf ihre hausfraulichen Fähigkeiten, was die nachfolgende Diskussion noch schwieriger gestaltete.

Am Ende des Versöhnungsessens, nachdem ich ihr hundert rote Rosen zu Füßen gelegt hatte und auch das von mir kurzfristig gebuchte Heilbronner Sinfonieorchester wieder abgerückt war, gestattete sie mir huldvoll, ihr Augenmerk auf das Alter unserer Waschmaschine zu richten. Unter Berücksichtigung der Tatsache, dass alte Menschen (und deswegen wahrscheinlich auch alte Dinge) ungern reisen, verzichtete mein Augenstern schließlich auf die Mitnahme unserer Waschmaschine. Nicht jedoch, ohne mich darauf hinzuweisen, dass es zu meinen kurzfristigen Aufgaben gehören würde, schon bald für einen modernen Ersatz zu sorgen – wenn möglich transportierbar.

So waren es lediglich zwei ihrer Schrankkoffer in Standardcontainergröße, mit denen sich der Etagendiener auf dem Weg zu unserem Zimmer abmühen musste. Meine Liebste schritt mit Handtasche und Kosmetiktäschchen in Subwoofer-Größe hinterher.

Ich hingegen folgte leichten Fußes, lediglich mit meinem Notebook unterm Arm. Während die drei Etagendiener, die sich um mein Gepäck kümmerten, den Umweg über den Lastenaufzug nahmen. Tatsächlich hatte ich unterschätzt, wie viel Platz die Dinge meines alltäglichen Bedarfs benötigen.

Während ich den Hometrainer und mein komplettes Gewichthebeset problemlos untergebracht hatte, war es beim Mountainbike, dem Kanu und der Werkbank tatsächlich etwas kniffelig geworden. Schweren Herzens hatte ich mich dann in letzter Sekunde entschieden, meine vollautomatische Drehbank (die nicht zerlegbar war – ich machte mir eine Notiz, sie bei nächster Gelegenheit gegen eine größere, modernere und zerlegbare auszutauschen) durch den Rasenmäher zu ersetzen. Schließlich kann man ja nie wissen, in welchem Zustand die Hotelangestellten die Grünpflanzen im Zimmer belassen.

Den Schließkoffer mit dem Werkzeugset und der Kettensäge bekamen die Angestellten erst nachdem sie den Baumwurzelkran wieder herausgefahren hatten in den Lastenaufzug. Immerhin: An der Rezeption hatte man mir versichert, dass mein Tiefgaragenstellplatz auf dem Golfplatz hinter dem Hotel auf mich warten würde, weil man ihn beim besten Willen nicht durch die Zimmertür bekommen würde.

Über diesen eklatanten Mangel an Service habe ich dann, ganz Gentleman, nonchalant hinweggesehen. Schließlich wusste ich, dass unser komplettes Haus auf dem Tieflader unterwegs war. Die Verzögerung war nötig gewesen, weil erst die Räumungsklagen gegen die Nachbarn abgeschlossen werden mussten. Damit rechne ich bis Mitternacht.

Goldener Urlaub

Meine Frau hatte in dem »kleinen Hotel«[10] selbstverständlich die Präsidentensuite[11] gebucht. Man erkannte sie daran, dass der Inneneinrichter während seiner Arbeit über den Eimer mit Goldfarbe gefallen

---

[10] Unter einem »kleinen Hotel« versteht meine Frau ein Gebäude, das kleiner ist als ein Fußballstadion, aber ebenso viele Gäste fasst. Nur in dieser Größe, so ihre Argumentation, würde der Komfort geboten, den sie erwartet. Mein Gegenargument: »Komfort schon – aber nur für andere« wird natürlich sofort entkräftet durch den Hinweis auf üppige Trinkgelder (von mir), zusätzlich (über meine Kreditkarte) georderte Pay-Services sowie spontan aus meinem Geldbeutel bezahlte kostenpflichtige Extras.

[11] In der Präsidentensuite sind in einer Etage sämtliche Flächen eines Hotels zusammengefügt, die normalerweise nicht einzeln vermietbar sind. Beispielsweise die Etage oberhalb der Wäscherei oder des Casinos. Bei uns war es die Wäscherei, in der 25 Stunden am Tag 80 Waschmaschinen Schleudereuroparekorde aufstellten. Der Unterschied zur Hochzeitssuite besteht darin, dass bei der letzteren ein Strauß künstlicher Rosen zusammen mit einer Flasche billigem Schampus ins Zimmer gestellt wird.

sein musste (und natürlich am Preis). Darum waren nicht nur Schrank- und Türgriffe in einem geschmackvollen Altgoldton gehalten. Auch die Armaturen im Badezimmer und selbst der Handtuchhalter wies diese Farbe auf.

Beim näheren Hinsehen entpuppte sich das Messinggestänge, das den mit Goldfäden durchwirkten Baldachin des Himmelbettes hielt, als goldlackiertes Stahlgestell. Neben dem goldfarbenen Nachttisch, auf dem sich ein goldfarbenes Telefon sowie ein Radiowecker in Golddesign befanden, bot die große Fensterfront einen üppigen Ausblick auf die sich hinter der goldfarbenen Balkonbrüstung entfaltende Landschaft.

»Schau nur, Liebster, wie die goldenen Strahlen der Sonne zwischen den Wolken hervorspitzen!«, jubelte mein Goldschatz und zog an den goldenen Troddeln, um die schweren Goldbrokatvorhänge komplett zu öffnen und mit den goldenen Vorhangschnüren an den Messinghaken zu befestigen, die rechts und links des Fensters in der Wand eingelassen waren. Diese waren allerdings etwas schwer zu erkennen, weil das Tapetenmuster (hellgold mit rotgoldenen Ornamenten) sie wirkungsvoll verbarg.

Während meine Goldfee über den goldfarbenen Teppich schwebte, um in die hellgoldenen Badeschlappen zu schlüpfen, die das Hotel uns zur Verfügung gestellt hatte, rieb ich meine ermüdeten Augen.

»Soll ich dir dein Badewasser einlassen?«, fragte ich meinen Goldfasan, der daraufhin begeistert nickte.

Ich hängte die goldfarbenen Handtücher auf die goldenen Handtuchhalter und öffnete den goldenen Wasserhahn. Kristallklar floss das heiße Wasser in die (natürlich) goldfarbene Badewanne, bis es die Farbe des von mir reichlich hineingestreuten goldenen Badesalzes annahm.

Ich verließ fluchtartig das Goldverlies, damit sich meine ermatteten Augen von dem Farb-Overkill erholen konnten, nahm den goldenen Bademantel, den meine Angetraute mir entgegenstreckte, und pfefferte ihn in den goldenen Sessel. Stieren Blickes strebte ich dem einzigen Gegenstand zu, der in unserem Zimmer nicht golden war:

Es war ein Fernsehgerät. Und es war – schwarz.

Während ich blind auf der goldfarben gestrichenen Anrichte nach der in Goldplastik gegossenen Fernbedingung tastete, fiel mein Blick auf das Markenzeichen am unteren rechten Rand des Geräts, und ich sank ohnmächtig in die goldenen Laken unseres Doppelbetts. Aus dem Augenwinkel konnte ich den Namenszug des Verräters genau lesen:

Auf dem Typenschild stand »Lucky Goldstar«.

Eine zarte weibliche Hand riss mich schließlich aus meinen Träumen in Gold, Gold und Gold. Genauer gesagt waren es zwei Hände: die eine, die meinen Kopf an meinem ohnehin dünner gewordenen

Haarschopf emporzerrte, und die andere, die mich links und rechts ohrfeigte. Vorsichtig öffnete ich mein rechtes Auge und blickte in das aufgebrachte Gesicht meiner Gattin.

»Hoch mit dir«, erklärte sie mir einleuchtend und eindeutig ihre weiteren Abendpläne.

Beim Öffnen ihres Mundes schimmerten ihre Lippen golden. Doch bevor mein erstickter Schrei meine Kehle verlassen konnte, erkannte ich, dass es nur der Widerschein der goldfarbenen Lampen war, der sich in dem ansonsten roten Lippenstift meines Herzblatts spiegelte.

Mit geschlossenen Augen torkelte ich zu meinen Koffern, um mich mit Krawatte, Hemd und Anzug stilsicher neben meiner Gattin im Speisesaal sehen lassen zu können. Den goldfarbenen Schlips verschmähte ich – ich beschloss, ihn im heimischen Kamin den Göttern zum Dank zu opfern, sollte ich an diesem Wochenende entgegen meiner Erwartungen nicht an einer optischen Metallvergiftung zugrunde gehen. Stattdessen wählte ich ein hellgelbes Exemplar, durchwirkt mit einem Streifenmuster in der kirschroten Farbe der Liebe – welche bestens mit der Lippenfarbe meiner Partnerin harmonierte.

»Zur Steigerung der Auffälligkeit könntest du dir ja noch eine Warnlampe auf den Kopf setzen. Ich bin mir sicher, in einem deiner Koffer findet sich eine«, kommentierte meine momentane Begleiterin meine Krawattenwahl.

Ich widersprach in keinem der beiden von ihr angesprochenen Punkte. Bei der Schlipsfarbe haben alle intelligenten und erfolgreichen Männer stets gelernt, Konflikten mit der Weiblichkeit aus dem Weg zu gehen.[12] Und was den zweiten Punkt angeht, war ich mir fast sicher, dass ich die eine oder andere Warnlampe eingepackt hatte. Man kann schließlich nie wissen, ob irgendwo ein Unfall passiert oder man einem ebenso herren- wie warnlampenlosen Schwertransporter begegnet.

Wir einigten uns schließlich auf keine Warnlampe und keine Streifen auf der Krawatte.

Buffetspiele

Ich war letztlich doch ein wenig enttäuscht, als uns auf unserer Aufzugfahrt hinunter in den Speisesaal überhaupt kein Schwertransporter begegnete – weder einer mit noch einer ohne Warnlampe. Das wunderte mich im Nachhinein umso mehr, als dass der Tisch, auf dem das Buffet aufgebaut war, ohne Hilfe eines mittelgroßen Schwertransporters nie seinen Weg in unser Hotel gefunden haben konnte.

---

[12] Was die Farbauswahl der Heraldik seit dem frühesten Mittelalter überall dort erklärt, wo Frauen zu bestimmen haben. Also eigentlich überall.

Das Buffet war an der hinteren Wand des Hotel-speisesaals aufgebaut und füllte diese komplett aus. Vom Eingang aus konnte ich nur mit Mühe sein hinteres Ende entdecken, winzig klein wuselten dort die Menschen herum.

Der Maître de Speisesaal führte uns sogleich zu unserem Tisch, der sich – strategisch geschickt – in der Mitte des Raumes befand, direkt gegenüber vom Buffet. Als wir eine kleine Viertelstunde später dort angekommen waren, stöhnte meine Liebste zwar über ihre schmerzenden Füße, aber wir warteten beide ungeduldig, bis der Maître unsere Weinbestellung aufgenommen hatte, damit wir endlich etwas zu essen bekämen – goldene Hotelzimmer machen hungrig.

Ganz Mann von Welt studierte ich aufmerksam die Weinkarte und machte – Kompetenz in Tateinheit mit Jovialität ist schließlich wichtig – den Lakaien darauf aufmerksam, dass er uns irrtümlicherweise die französische Ausgabe hingelegt hatte. Seine Reaktion war nicht ganz so positiv wie erhofft, darum zählte ich bei den mir unverständlichen Zeilen der Weinkarte stumm bis neun (meine Glückszahl) und las dann meine Wahl laut vor.

»Selbstverständlich«, nickte er, offensichtlich erfreut über meine Bestellung. »Wünschen Sie außer dem Salatdressing auch noch einen Wein zum Essen?«

Meine geistesgegenwärtige Partnerin rettete die Situation, indem sie schnell ausstieß: »Welchen können Sie denn empfehlen?«

Nachdem weder meine Göttergattin noch ich selbst mit seinen konkreten Nachfragen nach Jahrgang, Lage oder Abgang etwas anfangen konnten, sagte ich, was mir gerade durch den Kopf ging.

Offensichtlich war aber meine Antwort »irgendetwas Leckeres, damit das Essen besser rutscht« nicht das gewesen, was er zu hören wünschte. Er verwickelte uns in ein Frage-und-Antwort-Spiel, bis uns vor lauter »weiß-oder-rot«, »trocken-oder-lieblich«, »leicht-oder-schwer« der Kopf schwirrte und wir abwechselnd mit dem Kopf nickten an einer Stelle, die uns einleuchtend erschien.

Jede Antwort mit einem heftigen Nicken quittierend, nahm der Maître unsere Anweisungen entgegen, während er mehrere Zettel seines Bestellblocks vollschrieb.

Mit unserer Bestellung eines italienischen Bordeaux-Weißweins von der Mosel, mit lieblich-erdigem Geschmack und leicht mineralischer Nase glitt er schließlich glücklich von dannen, während wir uns endlich auf den Weg zum Buffet machen durften.

Die Durchquerung des großen Speisesaals legten wir, vom vergangenen Training gestählt, in knapp zehn Minuten zurück. Nur, um von einem unangenehmen Mit-Esser darauf aufmerksam gemacht zu werden, dass man sich doch am Ende der Schlange anzustellen habe.

Die Schlange befand sich unmittelbar hinter ihm, das Ende der Schlange einen halbstündigen Fußmarsch entfernt. Geduldig reihten wir uns hinter einer dicken Italienerin ein, die aufgeregt mit der vor ihr stehenden Freundin diskutierte, wobei sie mit den Händen in der Luft fuchtelte und dabei ihr ausladendes Hinterteil zur Gewichtsbalance routiniert in unsere Richtung schob. Dadurch wurden wir gegen zwei schwitzende Amerikanerinnen gedrängt, die aufgeregt kichernd ihre quadratmetergroßen Handtaschen mit CK-Logo gegen unsere Rücken pressten. Dies führte wiederum dazu, dass wir erneut in die Reichweite des vagabundierenden Hinterns gelangten, um wie zwei Pingpong-Bälle wieder zurück auf die amerikanischen Calvin-Klein-Schläger geschleudert zu werden.

Nur langsam bewegte sich die ganze Gesellschaft vorwärts. Nach einer schier endlosen Viertelstunde waren wir endlich in der Schlange zu deren Ziel vorgerückt. Es war die Eingangstür zur Damentoilette.

Weil wir schon einmal da waren, beschloss meine Angetraute, »schnell das Näschen pudern«[13] zu gehen. Meinem Hinweis darauf, dass wir vor nicht allzu langer Zeit von einem Hotelzimmer aufgebrochen

---

[13] Vermutlich ist dieser Euphemismus so ein Frauending, das wir Männer nie verstehen werden. Der Zugang zu dem Wissen, warum auch diejenigen Frauen ihre Nase pudern gehen, die noch nie in ihrem Leben eine Puderquaste auch nur angerührt haben, und sie dies meistens auch noch mit einer weiblichen Verbündeten tun, bleibt der Hälfte der Menschheit ebenso verschlossen wie die Eingangstür zur Damentoilette.

waren, in der sie zu allerletzt das Badezimmer gesehen hatte, erwies sie die Beachtung, die sie generell gegenüber meinen Analysen weiblichen Verhaltens aufbringt.[14]

Meine derzeitige Frau und ich haben schon vor Jahren stillschweigend die Arbeitsteilung innerhalb unserer Ehe beschlossen. Ich, als Mann, bin für die großen Dinge des Lebens verantwortlich, und sie, als schwaches Weib, für die kleinen. Ich kümmere mich deshalb beispielsweise um die Auswirkungen der jüngsten Datenschutznovelle. Ich entscheide, ob es richtig ist, den Iran mit einem Embargo zu belegen oder den Krieg in Afghanistan fortzuführen. Ich sorge mich um das Überleben der namibischen Gackeltrappe. Sie hingegen ist eher operativ tätig: Sie bucht den gemeinsamen Urlaub, entscheidet, welches Auto wir uns als Nächstes anschaffen, und bestimmt über Essensplan, Kindererziehung und gemeinsame Freizeitgestaltung.

Ich verbrachte deshalb die nächste halbe Stunde damit, mich mit dem Aschenbecher im Toilettenvorraum zu unterhalten.

Um die korrekte Anstellschlange zum Buffet zu finden, bedurfte es nach der Rückkehr der von mir noch nicht Geschiedenen noch einiger gemeinsamer pfadfinderischer Fähigkeiten, die unter anderem

---

[14] Gar keine, natürlich. An ihren guten Tagen habe ich Glück. Dann ignoriert sie sie nur.

beinhalteten: die Durchquerung der Hotelgarderobe unter aktiver Verfolgung durch eine aufgebrachte Garderobiere, ein Besuch der hoteleigenen Wäscherei (laut, feucht, geräumig) sowie eine Wiederannäherung an die Essensausgabe durch Ausfindigmachen der küchennahen Kühlräume (still, kalt, geräumig).

Halb ohnmächtig vor Hunger standen wir endlich am Ziel unserer Begierde, die großen Essteller in der Hand. Mit halbgeschlossenen Augen träumte ich von Schweinebraten mit Lasagne, von Wildgulasch an Sauerbraten und von Rotbarschfilet mit Antilopenrouladen, garniert mit einem T-Bone-Steak vom indischen Elefantenbullen und drei Kilogramm Spaghetti »Frutti del Mare«.

Die aufkommende Stille machte mich misstrauisch, so dass ich meine halbgeschlossenen Lider wieder ganz öffnete. Was ich sah, war: nichts.

Genauer gesagt sah ich Meter um Meter schneeweißer Tischtücher, ihre Makellosigkeit nur hier und da getrübt durch eine einsame Olivenscheibe, ein vergessenes Cocktailtomätchen, ein Krautsalathäufchen, einen Soßenfleck. Einzig direkt vor mir fand sich noch eine nur zur Hälfte geleerte Servierplatte, auf der sich klägliche Reste einiger mit Käse überbackener Tomaten verloren. Schüchternes Überbleibsel einer großen, einer nahrhaften Zeit.

»Verzeihen Sie bitte, wir möchten fertig abräumen«, polterte mich ein Unsympath in Frack und roter Fliege an und drängte sich zwischen mich und mein ehrlich verdientes Abendessen. Mit Tränen in den Augen sah ich zu, wie er – die Platte mit nahrhaften Leckereien in seinen gierigen Händen – der Küchenzeile zueilte. Immer kleiner wurde er am Horizont, als endlich meine Überlebensinstinkte eingriffen.

»Was bist du nur für eine Memme, Joachim«, sagte ich zu mir. »Deine Urahnen haben vor 60 000 Jahren in den Savannen Bison und Giraffe gejagt – und nicht weinend zugesehen, wie sie dem wohlverdienten Suppentopf entkommen.«

Ich spürte förmlich, wie meine Gene meinen Körper auf Kampf umstellten. Ganz Urururururururururenkel[15] meines großartigen afrikanischen Urahns streckten sich meine Glieder, schwoll meine Brust, pumpte mein heldenhaftes Herz schneller Blut durch die angeschwollenen Venen und stählte sich mein Blick.

Heroisch machte ich mich auf die Jagd nach den flüchtenden Käsetomaten. Den letzten ihrer Art.

In großen Sprüngen setzte ich dem Fliehenden nach, die bewundernden Blicke meines allerliebsten Weibchens im Rücken spürend. Ich glitt antilopengleich über den schier endlosen Teppichboden, sprang elegant über eine am Boden rollende vergessene Blu-

---

[15] Wenn man eine Generationsfolge mit 30 Jahren ansetzt, dann sind das bei 60 000 Jahren exakt 1991 »Urs«, die ich Ihnen an dieser Stelle erspare. Der Verlag hatte gemeint, die zusätzlichen Seiten würden sich betriebswirtschaftlich nicht lohnen.

menvase, in der sich noch ein paar Margeriten langweilten, stolperte und krachte voller Schwung in die angetaute, drei Meter hohe Eisbüste, die ein Mammut mit urzeitlichem Jäger darstellte.

Ich befreite mich aus den Mammuttrümmern, spuckte das Plastikkunstgras aus, das das riesige Tier in seinem Eismaul getragen hatte, und nahm die Verfolgung wieder auf. Meter für Meter machte ich Boden gut. Der Hunger trieb mich zu Höchstleistungen an. Schon konnte ich das Weiße im Auge der Tomaten[16] sehen. Der flüchtende Lakai blickte zusehends öfter und zusehends ängstlicher hinter sich und verdoppelte sein Tempo.

»Keine Chance, du neumodischer Schwächling«, dachte der Urmensch in mir und warf sich mit einem wütenden Kampfschrei auf ihn. Durch eine Drehbewegung im allerletzten Moment entglitt er mir. Energisch griff meine muskulöse Hand zu und packte ihn an seiner Smokinghose.

»Verzeihen Sie«, keuchte ich. »Aber könnten Sie das Tablett bitte noch stehen lassen?«

Mit beiden Händen hielt er es hoch über seinen Kopf. »Aber gerne doch«, winselte der Schwächling. »Aber wir schließen jetzt den Speisesaal.«

Mit aller Kraft hängte ich mich an seinen rechten Arm, um in die Nähe des verlockenden Tabletts zu

---

[16] Das ist metaphorisch gemeint. Außerdem hatte ich Hunger.

gelangen. »Es dauert nur wenige Sekunden«, stieß ich atemlos hervor. »Aber meine Frau und ich hätten gerne noch eine dieser Tomaten.«

»Warum haben Sie das nicht gleich gesagt?«, antwortete er mit gepresster Stimme (ich hatte ihm meinen linken Arm um den Kehlkopf geschlungen und drückte mit aller Kraft zu). »Ich bringe nur schnell dieses Tablett in die Küche, und dann kümmere ich mich persönlich um Sie.« Währenddessen hielt er das Tablett nur noch in der linken Hand und streckte sich auf die Zehenspitzen, um es aus meiner Reichweite zu halten.

»Machen Sie sich nur keine Umstände«, knurrte ich und biss mit aller Kraft in seinen linken Arm. Befriedigend hörte ich, wie der Ärmelstoff zerriss und er einen spitzen, schmerzerfüllten Schrei ausstieß. »Lassen Sie einfach das Tablett da.«

»Gerne, mein Herr.« Er ließ sich nach hinten auf den Rücken fallen, wechselte das Tablett blitzschnell in seine rechte Hand und schob mit dieser das Tablett auf dem Teppichboden aus meiner Reichweite in Richtung Küche.

Sofort ließ ich seinen Arm los und krabbelte auf allen vieren auf das Tablett zu, das sich nur noch wenige Zentimeter vor meinen Augen befand. »Sie sind zu liebenswürdig. Wäre es unhöflich, Ihnen ein Trinkgeld anzubieten?«

»Sie sind ...« – mit aller Kraft krabbelte er vor mir her, dem Tablett immer wieder einen Stoß in Richtung Küche versetzend – »zu freundlich, das ...« – er steigerte sein Tempo – »... kann ich wirklich nicht annehmen.«

»Ich muss ...«, keuchte ich und schnappte mit den Zähnen nach dem vor mir wogenden Hinterteil, während ich die Knöchel des Kerls mit aller Kraft umklammerte, »... darauf bestehen.«

Mit einem heldenhaften Überschlag setzte ich über ihn hinweg, während er mit letzter Kraft dem Tablett einen letzten Stoß versetzte, das daraufhin einen letzten Meter in Richtung Küche rutschte. Siegessicher krabbelte ich in Richtung unseres Abendessens.

»Verzeihen Sie bitte«, sagte der Reinigungsboy und schob den riesigen Fußbodenreiniger an mir vorbei, alle Stäubchen, Salatfetzelchen und Käsetomaten auf seinem Weg fein säuberlich in den riesigen Maschinenmagen fegend.

Nach einer richtig langen Jagd schmecken uns Urmenschen auch Margeriten gut. Nur der Wein war scheußlich.

Transfergedanken

»Joachim«, ruft meine mir Angetraute ungeduldig, »beeil dich mit den Koffern.«

»Ja, Liebes«, säusele ich zähneknirschend. Aber nach zwei Stunden Flug und gefühlten 16 Stunden Bustransfer über überfüllte türkische Straßen bin ich zu erschöpft, um noch zu streiten. Selbst wenn ich mittlerweile unter einer akuten Unterfunktion meiner Freundlichkeitsdrüse leide.

Der Busfahrer hinter mir grummelt noch, weil ich ihm nur einen halben Monatslohn als Trinkgeld in das vor der Frontscheibe platzierte Körbchen geworfen habe – statt, wie von ihm wohl erwartet, einen ganzen. Immerhin hatte er sein gesamtes fahrtechnisches Können[17] aufgeboten, um uns heil über die mehrere Hunderttausend Kilometer Berg- und Talstrecke vom Flughafen in Antalya in unser Ferienresort nach Alanya zu bringen.

Lebend ankommen und nur einen halben Monatslohn dafür zahlen – das ist das, was mein Chef als »gute Ausbeute« bezeichnet hätte.[18]

»Papa ist eine lahme Ente!«, feixt der undankbare Sohn meiner Frau und hüpft als freies und unbeschwertes Lebewesen, lediglich seinen alten Teddybären in der rechten und die Taucherbrille in der linken Hand um mich herum, während ich müh-

---

[17] Zu seiner Ehrenrettung sei gesagt, dass dieses Können sicher zielgerichteter in einem Autoscooter-Fahrgeschäft auf dem Rummelplatz eingesetzt gewesen wäre. Auch als Crashcar-Pilot wäre ihm eine große Karriere sicher.

[18] Ich hingegen bin zu sparsam (»geizig« nennt es meine Frau), um für mein Leben zu zahlen. Warum für etwas bezahlen, was mir ohnehin nur selten gehört? Außerdem: Wenn ich irgendwann tot bin, dann habe ich wenigstens noch mein Geld.

sam und beladen meinen Lebensweg entlangstapfe, den übergroßen Schrankkoffer meiner Frau, meine Reisetasche, die Reisetasche meines Sohnes sowie Schlauchboot, Schwimmreifen und mehrere Plastiktüten mit Einkäufen aus dem Duty-Free-Shop hinter mir her zerrend.

Auf die zahlreichen farbenfrohen Plastiktüten, die mittlerweile an meinen beiden Handgelenken baumeln, achte ich besonders. Immerhin repräsentieren die Parfüms und Zigaretten, Liköre und Schokoladen, Zigarren und Plastikschaufelbagger in etwa den Gegenwert des kombinierten Bruttosozialprodukts der Elfenbeinküste und Kambodschas.

»Manuel, mein Großer ...«, hebe ich pädagogisch geschickt an.

»Nein, ich will nicht!«, krähte er zurück, erfahren wie er ist im Umgang mit seinen Eltern, ohne den kompletten Satz abzuwarten.

»... du bist doch alt genug, um deine Tasche selbst zu tragen«, beende ich den Satz trotzdem ohne rechten Schwung.

»Nein, bin ich nicht!«, mault der altkluge Bengel, nicht ohne einen zusätzlichen Stachel in mein Fleisch zu bohren: »Mama hat auch gesagt, dass die Tasche viel zu schwer für mich ist.«

Ein paar Meter weiter – das Gewicht des Gepäcks hat sich inzwischen um mehrere Dutzend Kilo erhöht – mache ich mir eine mentale Notiz: »Nie wieder mit einem Kind in Urlaub fahren!« Während ich das Gepäck Meter für Meter die geschotterte Zufahrtsstraße zum Hotel entlangschleppe und ich die Stimmen meiner Lieben in der Ferne zwischen den dichten Platanen verklingen höre, ergänze ich die Notiz durch ein »Auch nicht mit einer Frau in Urlaub fahren«.

Als ich endlich am Eingang unseres Feriendomizils angekommen bin, stehen meine Entschlüsse für dieses und mindestens 26 weitere Leben bereits fest. Ich würde (unter anderem) mich von Weib, Kind, Haus, Garten und Mobiltelefon trennen, ein Gelübde der Fleischlosigkeit ablegen, als Prediger gegen die Sünde der Fortpflanzung durch die Welt ziehen sowie die Zeugung von Kindern unter Strafe stellen.

Immerhin: Das Ende des Weges ist dann doch zu früh erreicht, als dass ich schon endgültig über das künftige Schicksal des weiblichen Geschlechts entschieden hätte.

»Ach, mein Liebster, mein Puschelbär«, empfängt mich sichtlich entspannt das mir angetraute Weib. »Du Ärmster musstest so viel schleppen.«

Sie pflanzt mir einen zärtlichen Kuss auf die Backe und nimmt mir die Plastiktüte mit ihrem Parfüm aus meinen kalten, verkrampften Fingern. »War es auch nicht zu viel für dich?«, will meine Herzallerliebste dann von mir wissen.

Endlich bietet sich die Gelegenheit, auf die ich schon die ganze Zeit gewartet habe. »Überhaupt nicht«, antworte ich im stolzen Brustton männlicher

Überlegenheit. »So schwer sind die paar Sachen nun auch wieder nicht.«

All you can eat

Die Ferienanlage entspricht komplett der Beschreibung aus dem Katalog. Sie liegt an einer sechsspurigen internationalen Fernverkehrsstraße (*»nur durch eine breite Uferstraße vom Strand getrennt«*, hatte es im Katalog geheißen), inmitten von Baustellen (*»innerhalb eines aufstrebenden Ferienorts«*) und einer Touristenneppmeile (*»in zentraler Lage«*) mit Remmidemmi rund um die Uhr (*»lebhaftes Ambiente«*). Dafür ist der Strand zwar barfuß nicht begehbar (*»mit Badeschuhen nutzbar«*), aber auf diese Idee würde ohnehin niemand kommen, weil er sich als die örtliche Mülldeponie entpuppt (*»naturbelassener rustikaler Stadtstrand«*).

Ähnlich freudlos und karg ist das Zimmer eingerichtet (*»Griechischer Stil«*), der Balkon besteht ausschließlich aus einer Brüstung (*»französischer Balkon«*). Wenn ich mich jedoch auf die Balkonbrüstung stelle und von dort zur Dachrinne hochziehe, kann ich das Meer zwischen zwei Abluftkaminen hervorblitzen sehen (*»Meerblick«*).

Die Gäste um uns herum sind in der Regel jünger als 25 Jahre, weshalb sie auch nur wenig Schlaf benötigen (*»für Unternehmenslustige bestens geeignet«*), dafür offensichtlich umso mehr Alkoholika, die sie rund um die Uhr in großen Mengen und lautstark zu sich nehmen (*»die internationale Atmosphäre ist vor allem bei unseren russischen Gästen sehr beliebt«*).

Von einer Bedienung hingegen war wenig zu sehen (*»unaufdringlicher Service«*), ebenso wenig wie von einer Kinderanimation (*»Animation nach Bedarf«*[19]).

Wir beschließen, den Urlaub auf die drei wirklich wichtigen Dinge zu beschränken, wobei die Familie sich teilweise uneins darüber ist, worin diese bestehen. Einigkeit besteht immerhin in Punkt eins und zwei: Der Schlaf am Pool[20] sowie essen, essen, essen.

Bei Punkt drei der lebenswichtigen Dinge, die unabdingbar für einen gelungenen Urlaub sind, ist nur die Wahl meiner Frau unhinterfragbar eindeutig (einkaufen). Mein Sohn schwankt wie gewöhnlich zwischen Plantschen im Pool, Eltern ärgern und sich an herumliegenden Gegenständen verletzen.

Als Intellektueller in der Familie entscheide ich mich dafür, mich mit einem Buch über die mehrere Jahrtausende umfassende Hochkultur in Kleinasien sowie (aus kulturgeschichtlichen Überlegungen) einem

---

[19] Gemeint war »*nach Bedarf der Hotelleitung*«. Und diese hatte offensichtlich keinen.

[20] Nachts schlossen wir für gewöhnlich unsere Bildungslücken, die wir bei den Top-100 der internationalen Charts hatten. Auch lernten wir sämtliche Lieder kennen, die im Zustand der Volltrunkenheit von einer russischen Zunge hervorgebracht werden können.

landestypischen Cocktail an den Pool zu legen, um – das eine auf den Bauch gelegt und den anderen in der Hand – den zahlreichen jungen Bikinischönheiten dabei zuzusehen, wie sie sich gegenseitig ihre braungebrannten Körper mit Sonnenmilch einreiben. Letztere Absicht, so entschließe ich mich aus ehepolitischem Friedenswillen, würde ich allerdings für mich behalten.

Der Punkt zwei auf der Liste der während unseres Urlaubs durchzuführenden Freizeitbeschäftigungen – essen – ist unter der Markenbezeichnung »All you can eat« die touristische Antwort auf die Mastfirmen der Lebensmittelindustrie. Und, dem Geschmack an den All-you-can-eat-Buffets dieser Welt nach zu urteilen, stehen beide innerhalb derselben Wertschöpfungskette: Erst wird das Rind gemästet, danach mit dem Rind der Tourist.[21]

Für meinen wundervollen Sohn, der gefühlte 26 Stunden am Tag Hunger hat, ist »so viel essen, wie man kann« das, was er sich unter dem Paradies vorstellt. Deswegen überlassen wir ihn nach den ersten Tagen sich selbst an den wechselnden Buffets der

---

[21] Was vermutlich besser ist, als die Wertschöpfungskette bei der Fisch- und Hühnerfarm. In Fischfarmen werden die Zuchtfische mit den gemahlenen Hühnerteilen gefüttert. Die Fische wiederum werden zu Fischmehl verarbeitet. Dieses Fischmehl findet dann in den Hühnerfarmen als Futtermittel Verwendung. Irgendwo in diesem geschlossenen Kreislauf fließen vermutlich EU-Subventionen, um das Ganze am Leben zu halten.

Ferienanlage, während meine Frau und ich unseren Freizeitinteressen nachgehen.

Um nichts von dem kulinarischen Angebot zu verpassen, mutiert sogar ein Achtjähriger zum Frühaufsteher. Ungewiss, ob unser talentierter, aber dennoch kleiner Sohn den Herausforderungen eines Touristenlebens gewachsen ist, folge ich ihm unbemerkt. Wie sehr ich meinen Sohn liebe, macht sich schon an der für mich unmenschlichen Uhrzeit fest: Immerhin öffnet das Frühstücksbuffet seine Pforten bereits um 7.00 Uhr früh.[22]

Durch die mannshohen Fenster des Speisesaals sehe ich stolz, wie mein männlicher Erbe selbstbewusst mit festem Schritt an Brot und Brötchen, Marmeladen und Cornflakes, an Obst und Salaten vorbei der warmen Abteilung entgegenstrebt und dort seinen Teller füllt.

Mit jugendlichem Appetit futtert sich mein kleiner Manuel durch gebratene Würstchen, Rührei, Spiegelei, Pfannkuchen mit Ahornsirup sowie – für die englischen Gäste bestimmt – einen Topf grüngrauen Zements mit dem handgeschriebenen Etikett »Baked Bees«.

Als meine Frau und ich drei Stunden später selbst den Speisesaal aufsuchen (»spätes Frühstück: 9.30

---

[22] Eine Zeit, zu der meiner festen Überzeugung nach die Welt noch keine Berechtigung hat zu existieren.

bis 11.30 Uhr«), winkt uns unser Sprössling am Ausgang zu. Er hat auch diesen Gang bereits gemeistert und befindet sich auf dem Weg zum Vormittagssnack (»10 bis 12 Uhr: belegte Brötchen«).

Wir sehen ihn erst wieder zum Mittagessen (»12 bis 14 Uhr«), wo er, die Salatbar weiträumig umgehend, zunächst die drei angebotenen Hauptgerichte, das vegetarische Menü sowie das Fischmenü zu sich nimmt, um anschließend noch eine große Portion Spaghetti mit Tomatensoße auf seinen Teller zu häufen. Als wir unseren Salatteller das zweite Mal füllen wollen, entdecken wir unseren Esskünstler, der nach seinem Abstecher an der Kuchentheke die angebotenen vier verschiedenen Eissorten in einen Suppenteller schaufelt.

Wir verabschieden uns von ihm, als wir uns auf den Weg zum Pool machen, während er beschließt, noch kurz das Kuchenbuffet aufzusuchen (»14 bis 16 Uhr«) und dann, auf dem Weg zum Abendessen (»18 bis 21 Uhr«), noch einen Abstecher zur Sandwichtheke (»16 bis 18 Uhr«) zu machen. Die Abendunterhaltung lässt der mit uns entfernt Verwandte aus, weil er eine Verabredung an der Pizzabude, (»21 bis 23 Uhr«) hat. Wie er mir im Vorbeihasten stolz erzählt, zum Wettessen. Mitternacht ist längst vorbei, als ich ihn (auf Anregung meiner Frau) suchen gehe. Ich finde den Knaben schließlich an der Snackbar, seinen verdienten Mitternachtsimbiss (»23 bis 1 Uhr«) einnehmend.

Ich beschließe, ihn gleich am nächsten Morgen zur Aufbesserung unserer Urlaubskasse an die benachbarte Baustelle auszuleihen, wo gerade die Baugrube für einen weiteren Hotelneubau ausgeschachtet wird. Der Baustellenleiter wird sicher glücklich sein, wenn er auf die Fahrer der Lkws verzichten kann, die den Abraum wegkarren müssen. Einen Esslöffel für meinen Sohn kann ich mir sicher im Speisesaal ausleihen.

Poolbillard

Während normale Touristen ihren Urlaub Bier saufend am Pool verbringen, sind intelligente Weltenbummler wie ich solchen kulturellen Niederungen abhold. Natürlich dient es der Erholung, wenn auch ich mir den einen oder anderen Tag Auszeit unter türkischer Adriasonne nehme und hin und wieder ein gepflegtes Bierchen auf dem Liegestuhl ist ebenfalls nicht zu verachten.

Doch es kann bekanntlich der friedvollste Ästhet nicht in Frieden urlauben, wenn es dem bösen Pauschaltouristen nicht gefällt. Darum mache ich mich bereits kurz nach Sonnenaufgang auf den Weg, um einen guten Platz am Pool zu ergattern. Ein guter Platz, das bedeutet: Liege mit Sonnenschirm und eigenem Tischchen, nah an der Poolbar und direkt am Wasser.

Auf dem Weg zum Pool kommt mir der nette ältere Herr entgegen, der mit uns im selben Flugzeug gesessen hat. Man erkennt ihn an seinem mannsgroßen Adidas-Badetuch, in das er sich nach seinen Schwimmgängen komplett einwickelt, sowie an seinen Adidas-Badeschlappen. Fröhlich pfeifend schlendere ich in der Morgensonne dahin. Es ist schön, fernab der Heimat so einen freundlichen Landsmann zu treffen. Selbst, wenn dessen Modegeschmack gewöhnungsbedürftig ist.

Am Pool sind natürlich trotz der frühen Stunde bereits alle Liegen mit Handtüchern belegt. Diese Reservierungen sind eine Unsitte, die intelligenter Menschen eigentlich unwürdig ist. Der beste Platz, direkt am Pool und gegenüber der Poolbar, ist von einem mannsgroßen Adidas-Handtuch belegt. Adilette, diese Schlange in Rentnergestalt, macht nach vorne seinen Mitmenschen schöne Augen, hintenherum allerdings ist er nur auf seinen schnöden Liegestuhl-Vorteil bedacht. Ich ärgere mich, solch einen Menschen zu meinen Landsleuten zählen zu müssen.

Missmutig schleiche ich um den Pool herum und zupfe an der Ecke von Adilettes Badetuch, das sich flatternd im Wind auf der Liege überschlägt. Noch ein Zupfer, noch ein Windstoß, dann ein kleiner Schubs an der Liege: Oh, mein Gott! Das Handtuch meines lieben Fluggefährten ist heruntergefallen!

Ich hebe das herrenlos auf dem Poolrand herumliegende Badetuch auf – schließlich ist man ja als Gentleman gefordert, das Eigentum seines Landsmanns vor Beschmutzung zu schützen. Sicherheitshalber hänge ich es an das Hinweisschild, das in mehreren Sprachen kundtut: »*Bitte keine Liegen reservieren*«. Zustimmend nickend ob der Weisheit dieses Hinweises entdecke ich eine von Handtüchern freie Liege. Oh, Glück für mich: Es ist auch noch die beste des ganzen Pools. Um sie nicht nackt am Pool zurücklassen zu müssen, drapiere ich schweren Herzens mein eigenes Handtuch im geschmackvollen Schwarz-Rot-Gold-Design auf ihr.

Beim Frühstück nicke ich dem netten Rentner freundlich zu, so von Landsmann zu Landsmann. Ich weiß: Nichts kann wahre Seelenverwandte trennen.

Frohgemut trete ich nach dem Frühstück, bewaffnet mit Sonnenmilch, Schwimmreif und Sandalen, meinen Weg zum Pool und meiner Liege an. Dort erwartet mich feist grinsend Adilette auf meiner Liege liegend, seinen verwelkten Rentnerkörper, gemästet mit meinen Steuergeldern, mit billigem Sonnenöl einschmierend.

Ganz Weltmann übergehe ich den Affront. »Entschuldigen Sie«, spreche ich ihn beiläufig umherschauend an. »Haben Sie vielleicht mein Badetuch gesehen? Ich meine, es auf dieser Liege deponiert zu haben.«

Er schüttelt abwesend den Kopf. »Nein, mein Herr. Hier auf dieser Liege lag kein Handtuch. Aber die Liegen sind ja auch nur zu leicht zu verwechseln«, fügt er niederträchtig hinzu, sein faltiges Greisengesicht höhnisch verzerrt.

»Da haben Sie sicher Recht«, nicke ich verständnisvoll, als ich endlich mein Handtuch entdecke: Der falsche Fuffziger von einem des sozialverträglichen Frühablebens Abholden hat es exakt an der Stelle drapiert, wo ich in meiner netten Art sein Badetuch vor der Verschmutzung bewahrt hatte: Es hängt schön zusammengelegt über dem Hinweisschild, so dass nur noch zu lesen ist: »Bitte Liegen reservieren«.

»Offenbar habe ich die Poolliege mit einem Hinweisschild verwechselt«, bemerke ich spitz, um dem betrügerischen Rentner die Gemeinheit seines Handelns vor Augen zu führen.

»Vielleicht hat ja auch der Wind Ihr Handtuch hinuntergeweht«, argumentiert er mit falschem Lächeln, »und irgendein Wohlmeinender hat es dann aufgehoben.« Ich feuchte meinen Zeigefinger an und strecke ihn demonstrativ in die Luft. Nicht der leiseste Windhauch ist zu spüren.

»So wird es wohl sein«, gebe ich mich versöhnlich und kehre der falschen Schlange meinen bleichen Rücken zu. Selbstverständlich sind alle Poolliegen mit Handtüchern belegt, von deren egoistischen Besitzern, denen jedes bisschen Anstand fehlt, ist natürlich nichts zu sehen. So bin ich gezwungen, mein nationalfarbenes Badetuch in der prallen Sonne auf den glühend heißen Kacheln des Pools auszubreiten.

»Es ist schon ein Unding mit dieser ewigen Liegenbesetzerei«, erfahre ich von der mir benachbarten Liege Solidarität. Ein hochintelligent aussehender Mittvierziger mit kurzen Haaren und verspiegelter Pilotensonnenbrille – Typ: erfolgreicher Geschäftsmann –, der offensichtlich meinen kurzen Disput mit Adilette belauscht hat, blickt verständnisvoll nickend in meine Richtung.

»Wie im Kindergarten«, bestätige ich meinem neuen Freund. Nach der herben Enttäuschung mit Adilette tut es wohl, mit einem gescheiten und gleichgesinnten Menschen zu sprechen. In Krisenzeiten trennt sich eben in der Menschheit die Spreu vom Weizen.

Am nächsten Morgen klingelt, entgegen meiner üblichen Gewohnheit, mein Handywecker bereits um sechs Uhr morgens. Mühsam quäle ich mich aus dem Bett, um mich im fahlen Licht der aufgehenden Sonne an den Pool zu schleichen. Tatsächlich gehöre ich mit zu den ersten Handtuchausbreitern an diesem Morgen. Stolz lege ich meine schwarz-rot-goldene Beutemarkierung auf den noch taunassen Liegestuhl und klemme sie an allen Ecken fest. Dieses Mal will ich Adilette keine Ausrede ermöglichen, mich von meinem durch Frottee eroberten Gebiet zu vertreiben. Sicherheitshalber treibe ich mich in der Eingangshalle herum, bis ich meines Erzfeindes ansichtig werde, bis an die Zähne bewaffnet mit seinem blauen Adidas-Badetuch.

»Guten Morgen«, grüße ich ihn gut gelaunt. (»Ich kenne dich, mein Feind. Und ich habe dich gesehen.«)

»Schon so früh wach?«, mache ich ihn auf seine Niederlage aufmerksam. (»Ich war eher wach als du, Versager. Du kommst zu spät.«) Und um mein Territorium eindeutig zu markieren, setze ich noch stolz hinzu: »Heute habe ich mal etwas gegen den Wind unternommen. Mein Handtuch sollte jetzt bei jeder Windstärke liegen bleiben.« (»Trau dich nur! Dann mache ich dich fertig.«)

Als wackerer Kämpe gesteht er seine Niederlage gegen einen Besseren ohne Umschweife ein: »Das ist schön für Sie. Dann erlauben Sie sicher, dass ich mir einen Platz gleich neben ihrem reserviere.« Großzügiger Sieger, der ich bin, gestatte ich ihm seine – zweitbeste – Wahl.

Arm in Arm mit meinem wiedergefundenen Freund Adilette gehe ich plaudernd zum Frühstück. Von dort haben wir einen wunderbaren Blick durch die deckenhohen Fenster auf den Pool, die gelben und orangenen Sonnenschirme und die um den Pool herum verteilten Liegen. Außerdem können wir hervorragend die Bademeister beobachten, wie sie liebevoll sämtliche Badetücher einsammeln und auf einem am Rand stehenden Plastiktisch deponieren, um anschließend die Poolliegen mit einem Schlauch abzuspritzen.

Ich lasse mein Frühstücksmesser in das Marmeladenschüsselchen fallen, während mein bester Freund sein weichgekochtes Ei hinter sich wirft. Tische und Stühle umwerfend, stürzen wir die Freitreppe hinunter zum Pool, um unsere beiden Liegeplätze zu retten.

Wie vom Donner gerührt bleiben wir vor unseren belegten Liegen stehen. Links und rechts flankiert durch Frau und halbwüchsige Tochter liegt auf meiner unter schweren Verlusten erkämpften Liege ein Bekannter und grinst mich höhnisch an.

»Guten Morgen, ihr Jogger«, feixt mein ehemaliger Freund Pilotenbrille.

Die Segnungen der technischen Errungenschaften

Computer: diese kleinen miesen digitalen Dinger

Mein Verhältnis zu Computern ist ein gespaltenes. Einerseits verfluche ich sie, weil sie mein Leben bestimmen, mich quälen und zu Dingen zwingen, die ich lieber vermeiden möchte (arbeiten, zum Beispiel). Und andererseits verfluche ich sie, weil ich ohne sie nicht leben kann.

Über Computer gibt es deswegen eigentlich nichts mehr zu sagen.[23] Denn jedes weitere Wort über diese aus in Silizium und Programmzeilen gegossene Heimtücke würde bedeuten, dass man sich mit ihnen

---

[23] Nur deswegen existieren ja etwa so viele Computerbücher wie Bibelauslegungen. Schlauer geworden ist die Menschheit bei beiden Buchsorten nicht. Und die digitale Heimtücke bewirkt, dass mein Textverarbeitungsprogramm exakt beim Anlegen dieser Fußnote abstürzt. Selbstverständlich unter Mitnahme sämtlicher bisher durchgeführter Änderungen. Aber egal, ich wollte ohnehin nicht mit meiner Frau ins Theater und anschließend zum Essen gehen.

so viel beschäftigt – nun ja, wie man sich eben mit ihnen beschäftigt. Mein Freund Hotte spricht zwar immer von »in Silikon gegossener Heimtücke«, aber ich bin der festen Überzeugung, dass er damit seine platinblonde Freundin meint.

Computer sind die miesen digitalen Dinger, die deine Arbeit vernichten, deine Zeit fressen und dafür sorgen, dass sich deine Kinder und deine Frau von dir entfremden. Immerhin: Sie helfen einem dabei, die Arbeit schneller zu verrichten, die man ohne sie nicht hätte. Ich für meinen Teil liebe Computer. Zumindest behaupte ich das, wenn ich in der Nähe eines solchen stehe – man weiß ja nie.

Zumindest berücksichtige ich den Wahlspruch: »Im Kampf zwischen dir und der digitalen Welt stelle dich sicherheitshalber auf die Seite der digitalen Welt.«[24] Schließlich will ich ja wenigstens hin und wieder mit auf der Siegerstraße spazieren gehen. Selbst, wenn sie ausschließlich Autos vorbehalten ist, nach Benzin stinkt und in eine Richtung führt, in die ich gar nicht gehen will.[25]

Damit mein Computer und ich uns besser verstehen, habe ich angefangen, ein Lexikon anzulegen. Da schreibe ich zwar nicht das rein, was er zu mir

---

[24] Ich werde an anderer Stelle diese Erkenntnis noch vertiefen. Aber erstens will ich als guter Autor mein Pulver nicht zu schnell verschießen, und zweitens möchte ich meine Leser nicht überfordern.

[25] Das ist dann in der Regel eine Datenautobahn.

sagt (weil das sowieso kein aus biologischen Komponenten hergestelltes Lebewesen versteht), aber ich schreibe wenigstens das rein, was andere Menschen über Computer sagen. Zumindest solche Menschen, die mehr gemeinsame DNS mit ihrem PC als mit mir haben. Meine Kinder zum Beispiel.

Joachims vollständiges Lexikon der wirklich wichtigen Computerbegriffe

AAL-Prinzip: »Andere arbeiten lassen« (Arbeitskollege) → Web 2.0

Adhoctor: PR-Agentur, spezialisiert auf Finanzkommunikation

Alpin: Universelle Geheimzahl für den Zugang zu digitalen Geräten

Analog: Weibliche Falschaussage

Anwender: Peripheriegeräte, die versuchen, mit nicht zusammenpassenden Konglomeraten fehlerverseuchter Hardware auf einer fehlerhaften → Benutzeroberfläche über einem unausgereiften Betriebssystem mit einem unverständlichen Programm von unfähigen → Programmierern ein Problem zu lösen, das es ohne Computer gar nicht geben würde.

API: Außerparlamentarisches Internet. Beschreibung des digitalen Bewusstseinszustands bundesdeutscher Lokal-, Regional- und Bundespolitiker

Apple: Kleine (mobile) Application, meistens genutzt vom ➜ iSohn

Arbyte: Broterwerb in der Computerindustrie

Augmented Reality: Ins Auge gehende Realität

Automaten: Schmerzempfindliches Gemüse

Avatar: Männlicher Gen-Lieferant

Backup: Kaltes Gefühl, das den Rücken hochkriecht, wenn man wieder keine Sicherheitskopie gemacht hat.

Bandbreite: Einzig begrenzt durch die Größe der Bühne

Befehlsumfang, praxisgerechter: Das von Ihnen gekaufte Programm kann nur die Hälfte.

Benutzerfreundlichkeit: Entgegenkommendes, höfliches und duldsames Verhalten des Anwenders gegenüber dem patzigen, rätselhaften und unflexiblen Verhalten seines digitalen Systems.

Benutzeroberfläche: Haut

Benutzerschnittstelle, grafische: Visuelle Darstellung der Tatsache, dass sich der Benutzer geschnitten hat, wenn er meint, er könne damit vernünftig arbeiten.

Betriebswirtschaft: Lehre vom Geld und wie es die Gesetze von Mathematik, ➜ Informatik und gesundem Menschenverstand missachtet.

Bit: Kleinste Einheit von digitaler Heimtücke

Bleiband: Internetanschluss mit Performance-Problemen

Blogwart: Social-Media-Administrator

Breiband: Hochgeschwindigkeitsanschluss für das ➙ Kinderzimmer, digitales. Gegensatz: ➙ Bleiband

Bug: Synonym für Computer

Byte: Bissmal mit acht Zähnen

Computerkatastrophen, die zehn größten: Der Anwender, der Programmierer, der Hersteller, das Modell, der Händler, das Betriebssystem, die Programmiersprache, das Anwendungsprogramm, das Social Network und die Benutzeroberfläche

Cyborgen: »Darf ich mir mal kurz Ihren Roboter ausleihen?«

Daten, gute: Gute Daten sind die, die Sie bereits in Händen halten. Selten.

Daten, schlechte: Schlechte Daten verdrängen gute Daten:

- Die Daten, die Sie für die gegenwärtige Krise haben, wurden für die letzte gesammelt.
- Die verfügbaren Daten erscheinen umso glaubwürdiger, je länger es gedauert hat, sie zu beschaffen und je weiter die Datenquelle vom Betrachter entfernt ist.
- Daten können zwar zwischen verschiedenen Büros hin und her bewegt werden, sie können aber weder neu geschaffen noch gelöscht werden.
- Wenn Sie die richtigen Daten haben, dann haben Sie das falsche Problem. Oder umgekehrt.

- In komplexen Systemen gibt es keine Relation zwischen den verfügbaren Daten und den daraus folgenden Entscheidungen.

Dauer: Steigerungsform eines Nicht-Nerds (DAU, dauer, am dauesten[26])

Debugging: Systematische Methode, mit den richtigen Überlegungen zu den falschen Schlussfolgerungen zu kommen.

Digerati: Teures Auto, gefahren von erfolgreichen Web-2.0-Gründern

Digitale Demenz: Namen- und Telefonnummern-Vergessen, bedingt durch Smartphones

Download: Heruntergefallene Ladung

Down-Syndrom: Eigenschaft digitaler Systeme, dann die Arbeit einzustellen, wenn sie dringend benötigt werden

Echtzeit: Gegensatz zu der Zeit, die man bislang gefühlt vor dem Bildschirm verbracht hat

Facebook: Sammlung fotografischer Nahaufnahmen von Menschen in Partylaune, derer sie sich spätestens bei der nächsten Bewerbung schämen können.

FAQ: Ausruf beim Auftauchen eines nicht dokumentierten Fehlers

---

[26] Das Problem beim »Dümmsten Anzunehmenden User« ist, dass dieser in seiner Dummheit grenzenlos ist. Deswegen gilt: am dauesten = unendlich.

Flickr: Aufkleber zum Verdecken von Löchern im Webdesign

Geek: ➤ Nerd mit Körperhygiene und sozialen Kontakten außerhalb von ➤ Social Media

Gerätetreiber: Person, die einen Computer benutzt

Getwitter: Lautes Naturphänomen. Wenn man sich irgendwo unterstellt, kann man ihm entgehen.

Goorgeln: Therapie für alle, denen das Internet langsam zum Hals raushängt.

Grasfaselkabel: Digitale und elektronische Installation für Klimaschutzkonferenzen

Handbuch: Märchensammlung
Hashtag: Kiff-Urlaub

Informatik: Lehre vom Computer und wie er die Gesetze von ➤ Betriebswirtschaft, Mathematik und gesundem Menschenverstand missachtet.

Installah: Natürliches Stoßgebet von Besitzern neuer Softwareversionen ohne Minarettungskopie. ➤ Plug and Pray

Interface (1): Mensch-Maschine-Schnittstelle: Menschen, die mit Computern arbeiten, verhalten sich nicht so, wie der Computer verlangt, dass sie sich verhalten sollen.

Interface (2): Netzwerkprotokolle: Computer, die mit anderen Computern zusammenarbeiten, verhal-

ten sich nicht so, wie die anderen Computer ver-
langen, dass sie sich verhalten sollen.
iPod: Topf zum Eierkochen
iSohn: Computernder Sprössling

Java: Erfolgreicher Versuch, plattformspezifischen
Computerfehlern Fremdsprachen beizubringen,
damit sie auch auf anderen Systemen ihr Unheil
anrichten können.

Kaffee: Macht jeden Programmierer weiser und
lässt ihn auch durch halbgeschlossene Augen
sehen.
Killherapplication: Flirt-Portal
Kilobite: Großer Bissen
Kinderzimmer, digitales: Wo die ➙ Bits wohnen, bis
sie ➙ Bytes geworden sind
Kindle: Umsatzmaximierungsstrategie von Amazon
(»Lasset die K. zu mir kommen«)
Klickwunsch: Usability-Gau

Linkedin: Weibliche Form von »Linked«
Linksclique: *www.die-linke.de*
Linux: Benutzerfreundliches Betriebssystem. Es ist
in der Wahl seiner Freunde jedoch sehr wähle-
risch. ➙ UNIX

Mausland: Das Netz aus DAU-Sicht
Megabite: Besonders großer Bissen

Menschheit: Das größte Stück Computerperipherie, das auf dem Markt ist.

Nerd: Mensch, der mit einem USB-Kabel statt mit einer Nabelschnur zur Welt gekommen ist ➜ Geek
Netzwerk: Freundlicher kleiner Mann
New Economy: Gescheitertes Konzept einer neuen Wirtschaftsordnung. Endete 1989 mit dem Fall der Mauer.
Notbook: E-Book-Lesegerät nach Meinung des Feuilletons ➜ Kindle

Oftware: Standardprogramme
Ökommunikation, digitale: Nutzung des Grasfaselkabels
Oktal: Zehn-Finger-System, wenn Ihnen zwei Finger fehlen

Pechnik: Das, was Ihnen digital widerfährt
Plug and Pray: Natürliches Vorgehen von Besitzern neuer Hardware ➜ Installah
Popup-Blocker: Blähungsbremse
Programmierer: Menschen, die zu nachtschlafender Zeit mit völlig untauglichen Entwicklungspaketen für nicht zusammenpassende Konglomerate fehlerverseuchter Hardware auf einer fehlerhaften ➜ Benutzeroberfläche über einem unausgereiften Betriebssystem versuchen, im Auftrag von unfähigen ➜ Anwendern deren einander widerspre-

chende Anforderungen in Programme umzusetzen, die am Schluss niemand verwendet.

Quellcode: Klospülung

Real Life: Einkaufsort für Cola und Pizza zwischen zwei Computer-Sessions
Rekursion: → Rekursion

Satelliten: Gut genährte Führungskreise
Second Life: Lebensderivat
Selektronik: Auswahldilemma für Geeks in Elektronikmärkten
Semantisch: Möbel für Matrosen
Singsangsung: Koreanischer Hersteller digitaler Karaokeanlagen
Social Media: Erfolgreicher Versuch, reich zu werden, indem man die Arbeit seinen Nutzern überlässt. → AAL-Prinzip
Softwarefirma: Vergleichbar mit Weinflaschen: Der Flaschenhals ist immer oben.
SPAM: 1. *Spaghetti & Pulsar Activating Meatballs*, Gottheit einer im Juni 2005 vom US-amerikanischen Physiker Bobby Henderson gegründeten Religion
2. *Spiced Ham*, Frühstücksfleisch der Firma Hormel Foods Corporation aus Minnesota
Sprachen: Die einzige Sprache, die alle Programmierer beherrschen, ist Gleichgültigkeit. Die einzige

Sprache, die alle Anwender beherrschen, ist Ignoranz.

Standard: Gelungener Versuch, aus mehreren konkurrierenden Technologien diejenigen herauszufiltern, die nicht funktionieren, sie mit alldem zusammenzufügen, womit sie nicht zusammenarbeiten, um damit Produkte zu kreieren, die niemand braucht und die nur dann funktionieren, wenn man das Gegenteil beweisen will. Logische Konsequenz: Das optimale Standardisierungsgremium hat null Mitglieder. → Java

Stream: Lebensader der Nerdness. Führt von der Quelle (»Source«) bis zur Mündung viel Müll mit sich (»Garbage Collection«).

Terrabyte: Wenn die Festplatte ins Gras beißt.

Tracking: Wanderung der Daten vom Nutzer hin zum Werbetreibenden

Twiet: Bremsgeräusch beim Herunterfahren von Social-Network-Zeitverschwendung

Undo: Englischer Fachbegriff. Deutsch: »Untat«, »Verbrechen«

UNIX: Das Betriebssystem der Zukunft. Seit mehr als drei Jahrzehnten. → Linux

unklicklich: → Nerd ohne Netzanbindung

Vielter: Falsch eingestellter Spam-Filter, bei dem zu viele False-Positives abgefangen werden

Viralmarketing: Schnupfenspray-Werbekampagne
Virtual Life: Existenzplacebo

Web 2.0: Nerd-Begriff von → Social Media
Webstuhl: Möbel mit Internetzugang
Weh-LAN: Defektes Netzwerk
Widget: Erfolgreicher Versuch, die Arroganz von Computerprogrammen in Module auszugliedern und mobil zu machen.
Wiisier: Zielvorrichtung für Spielkonsolen
Windows: Irrige Annahme, man könne ein Haus verschönern, indem man sieben Fenster öffnet
Wissenschaft:

- Wenn es grün ist oder sich bewegt, ist es Biologie.
- Wenn damit kein Geld zu verdienen ist, ist es → Betriebswirtschaft.
- Wenn es stinkt, ist es Chemie.
- Wenn es ausschließlich aus Allgemeinplätzen besteht, ist es Psychologie und/oder Wirtschaftswissenschaft
- Wenn es nicht funktioniert, ist es → Informatik.

World Wide Web: Digitaler Irrgarten
WOW: Ausdruck der Bewunderung von Rollenspielern über den hochgradigen Detaillierungsgrad der Rendering-Engine des → Real Life

Xing: Eigentlich »U-ing«. Erfolgreiche Methode, mit einem Social-Network-Profil einem potenziellen Kunden ein X für ein U vorzumachen.

YouTube: Definition der Besitzstände in einem Badezimmer am Beispiel der Zahnhygiene: »Youtube, Mytube, Histube, Hertube ...«

Der eigentliche Grund für die in Silizium gegossene Heimtücke

Ich habe mich immer gefragt, warum Computer eigentlich so sind, wie sie sind. Bis ich festgestellt habe, dass Computer genauso reagieren wie pubertierende Jugendliche. Deswegen bin ich inzwischen zu der festen Überzeugung gelangt: Computer befinden sich eigentlich in der Pubertät. Das macht sie genervt, sprunghaft und intolerant gegenüber Dritten. Deswegen stellen sie immer dann die Arbeit ein, wenn man sie nicht daran hindern kann, und versuchen, sich durch Vorgaukeln von Inkompetenz vor Arbeiten zu drücken, die sie eigentlich erledigen sollen.

Wie Jugendliche eben, die gar nicht einsehen, dass auch sie mal den Müll runterbringen oder die Geschirrspülmaschine ausräumen müssen.

Einen langen Text zu speichern, ohne abzustürzen oder wenigstens den Browser abzuschießen – das ist das Computer-Äquivalent von »Müll runterbringen«. Und ich kann es beweisen.[27]

---

[27] Nein, stimmt nicht. Eigentlich kann ich es gar nicht beweisen. Ich kann nur ein paar glaubhafte Indizien liefern. Denn letztlich fest- ▶

Stellen Sie sich einmal vor, Sie sind ein Computer. Oder ein Mobiltelefon. Oder ein anderes modernes digitales Gerät, das noch über die volle Kraft der Jugend verfügt. Mit anderen Worten: noch nicht völlig veraltet ist, obwohl Sie es bereits vor einer Woche erworben haben. Man kann bekanntlich nur zwei Arten digitaler Geräte kaufen: richtige Neuerscheinungen der Marke »Banane« (reift beim Kunden) oder veraltete Systeme, die zwei Wochen nach ihrem Kauf durch eine halb so teure, aber doppelt so leistungsfähige Neuerscheinung ersetzt werden.

1. Was, glauben Sie, ist dann ihr Hauptproblem?[28]
   Es sind sogar zwei, und zwar der Altersunterschied zum Hauptmieter ihres gegenwärtigen Lebensmittelpunkts und
2. die Langeweile.

Der durchschnittliche Altersunterschied zwischen einem Computer und seinem Benutzer beträgt schließ-

---

zustellen, was Computer dazu bewegt, gehässig zu sein, ist genauso unmöglich, wie beim Menschen den Platz zu finden, an dem die Seele sitzen könnte. Oder im Zimmer eines Jugendlichen sein Hausaufgabenheft aufzuspüren.

[28] Nein, nicht was Sie denken, Sie Ferkel. Ich kann Ihnen versprechen: Das Hauptproblem eines durchschnittlichen Computers ist es NICHT, wie er heute noch ein schickes weibliches Modell mit üppig geschwungener Tastatur und willig geöffnetem USB-Anschluss aufreißt – respektive ein cooles männliches Modell mit breitem Bildschirm und knackigem Trackball.

lich mindestens ein Dutzend Jahre. Und was denkt ein Jugendlicher über einen Erwachsenen? Richtig: »Mein Gott, ist der langsam!«[29] – »Weil darüber hinaus für jeden Jugendlichen jeder Erwachsene ein Ausbund an Langeweile ist, bekommen Erstere in Gegenwart von Letzteren die Zähne nicht auseinander.«[30, 31]

Der durchschnittliche Computer macht's nicht anders. Ähnlich wie ein normaler Jugendlicher formuliert er seine Meinung: »Ich schlau, du blöd« – wenn auch intelligenter als dieser. Denn letztlich benötigt jedes digitale Gerät dafür lediglich den Inhalt eines einzigen Fehlermeldungsfensters mit den Inhaltsingredienzien »*verboten*«, »*Fehler*« und »*Du hast keine Ahnung, was grade abgeht, Kumpel, oder? Aber klick halt irgendeinen Button, damit du dich nicht ganz so nutzlos fühlst. Idiot.*«

---

[29] Vor allem, wenn der Jugendliche etwa 99,999995 Prozent seiner Zeit auf irgendwelche Eingaben des Erwachsenen warten muss.

[30] Oder haben Sie als Eltern schon einmal von Ihren Kindern eine vernünftige und zusammenhängende Antwort auf eine Ihrer Fragen erhalten? Eben. (Wenn Sie kein Elternteil sind: siehe nächste Fußnote.)

[31] Oder lassen Sie bei Ihren Alten mehr Text ab als unbedingt nötig? Eben.

Warum ich meine Frau beinahe so sehr liebe wie das Internet

Meine Frau ist der Meinung, dass ich internetsüchtig bin. »Joachim«, sagt sie zu mir, »du solltest dir angewöhnen, weniger oft online zu sein.«

Ich halte ihren Vorwurf für stark übertrieben. Außerdem halte ich es für schlechten Stil, solch eine schwerwiegende Anschuldigung ausgerechnet am frühen Sonntagmorgen beim Frühstück vorzubringen. Wo sie doch genau weiß, dass sie mir mit solchen Vorwürfen den Tag verdirbt. Ich beschließe deshalb (obwohl ich häusliche Auseinandersetzungen verabscheue), ihr das in aller Deutlichkeit mitzuteilen.

Ich stelle also den Eierbecher auf die andere Seite des Notebooks, um Platz für die Kaffeetasse zu schaffen, und mache energisch den Mund auf.

»Du brauchst gar nichts zu sagen«, schnappt sie – die mir Angetraute kennt mich einfach zu gut.

Ich nicke zustimmend. Nichts zu sagen, das ist – insbesondere in der Umgebung meiner Frau (oder irgendeiner Frau) – ohnehin eine meiner leichtesten Übungen.

Außerdem ist meine Aufmerksamkeit inzwischen bereits abgeschweift, weil ich mittlerweile damit beschäftigt bin, meinen Feedreader neu zu organisieren. Als ich das nächste Mal hochblicke, gestört durch das Kirchengeläut zur Mittagszeit, ist meine Frau verschwunden. Selbst das schmutzige Frühstücksgeschirr hat sich, von mir völlig unbemerkt, offenbar selbstständig vom Tisch entfernt.

Erleichtert widme ich mich wieder den wichtigen Dingen des eigentlichen Lebens und kehre in die digitale Welt zurück. Wussten Sie, dass selbst bei einem Feedreader der Hochpreiskategorie[32] eine Limitation auf 32 000 Feeds existiert? Sind Sie nicht auch der Überzeugung, dass diese Einschränkung eine bodenlose Frechheit und eine Beleidigung des gesunden Menschenverstands und den Regeln der Produktivität darstellt?[33]

Ich beschließe, eine wütende Mail an den Hersteller zu schreiben. Schließlich soll mir sein Programm dazu dienen, mir all jene Feeds von Nachrichtenseiten, Weblogs und Foren anzuzeigen, die mich interessieren, damit ich sie sofort direkt lesen kann. Und da sind 32 000 Feeds das absolute Minimum. Bis zur Beseitigung dieses Mankos muss ich schweren Herzens die Zahl meiner Onlineabonnements reduzieren. Die Entscheidung ist so unendlich schwer, weil ich eigentlich nichts missen will. Die Nachrichten von *Dimmalaetting*, der Tageszeitung der Färöer-Inseln, fällt schließlich der Beschränkung als Erstes

---

[32] Das bedeutet: Er kostet mindestens das Dreifache der Billigsysteme, die kostenlos zum Herunterladen angeboten werden.
[33] Sagen Sie nichts, wenn Sie diese Frage nicht aus tiefstem Geek-Herzen heraus bejahen können. Für alle anderen Menschen ist dies lediglich eine rhetorische Frage, die sie überhaupt nicht verstehen müssen. Nur ihr Mitgefühl hätte ich gerne. Sie können es auch simsen.

zum Opfer, ebenso wie der Newsfeed des »Lomond Victoria First Falkland Amateur Football Club«. Schließlich bin ich noch nie im Leben auf den Falklands oder den Färöer-Inseln gewesen, und eigentlich interessieren mich auch weder Football noch Inselleben. Aber: Wenn das Internet solche Dinge anbietet, muss man sich auch auf dem Laufenden halten.

Die Kursnachrichten von Oil Investment Singapore (über die ich jüngst beim Googeln nach Massageöl gestolpert bin) mit ihren schönen Fotos von aufstrebenden Börsenkurven dürfen allerdings ebenso bleiben wie der Feed von »Madagascar aux championnats d'Afrique de Kendo« (den ich beim Stöbern nach einem Pilzrezept gefunden habe) – selbst, wenn es sogar für mich einen kleinen Schönheitsfehler darstellt, dass ich weder des Französischen mächtig bin noch eine Kendo-Affinität besitze.

Oh, du schöner Newsletter der Vereinigung christlicher Wicca-Freunde (ich muss mal googeln, was das eigentlich ist), ich muss dich lassen. Hinweg mit dir, Feed des Bestatter-Weblogs. Unsubscribe um Unsubscribe setze ich, bis mein Feedreader nur noch die Zahl 29 999 anzeigt. Erleichtert will ich mein Notebook zuklappen, klicke dann aber doch noch kurz auf die Zeile »415 234 neue Beiträge«, um ein bisschen in meinen Feeds zu lesen. Kurze Zeit später beginnt mein Magen zu knurren. Ich hole mir den Rest Nudelsalat aus dem Kühlschrank, der in den letzten Strahlen der untergehenden Abendsonne rot leuchtet.

Kurz bevor ich endgültig mein Notebook zuklappe, überfliege ich noch meinen Twitter-Stream. Währenddessen lasse ich es zu, dass mir der Sohn der mit mir Verheirateten einen Gutenachtkuss aufdrückt (wobei ich darauf achte, dass er mir nicht den Blick auf den Bildschirm versperrt, weil ich soeben in World of Warcraft auf dem Weg zu einer wichtigen Gildenversammlung bin, die ich auf gar keinen Fall verpassen darf).

Im strahlenden Schein der Morgensonne ist es dann so weit – ich schließe mein Notebook, um mich auf den Weg zum Verlag zu machen – meine Lektorin mahnt bereits seit einigen Monaten mein neuestes Manuskript an. Weil ich unterwegs auf meinem Smartphone kurz meine E-Mails checke, verpasse ich leider die richtige Straßenbahnhaltestelle zum Aussteigen.

Egal. Ich fahre an der Endhaltestelle eben zurück und beschließe, zum Mittagessen kurz im Café Niederlassung vorbeizuschauen. Das hat nicht nur den Vorteil, einen kostenlosen WLAN-Anschluss zur Verfügung zu haben, sondern es ist auch der Münchner Treffpunkt des »Twittwochs«[34], der sich passenderweise direkt an die Bearbeitung meiner E-Mails anschließt.

---

[34] Eine Art Anonyme-Alkoholiker-Treffen für Twitter-Nutzer. Mit dem Unterschied, dass keiner anonym ist. Außerdem hat niemand ein Problem mit seinem Twittern oder denkt auch nur im Entferntesten daran, dieses einzuschränken. Vermutlich ist es also doch etwas völlig anderes.

Das Treffen endet lange nach 23 Uhr, die letzten Gäste klappen ihre Netbooks zu und kehren nach Hause zurück. Dort werden die meisten noch kurz ins Internet gehen, vielleicht noch die eine oder andere Zeile programmieren und anschließend ein kurzes Computerspiel spielen.

Meine Abendbeschäftigung wird heute ausnahmsweise anders aussehen. Für ein Treffen mit meiner Lektorin ist es jetzt unglücklicherweise zu spät. Darum wandern meine Gedanken mit Trauer im Herzen zu meinem einsamen Weibchen zu Hause. »Ab sofort, Joachim«, schwöre ich mir, »kümmerst du dich liebevoller um deinen Augenstern.«

Mit leichtem Ekel klappe ich meine digitale Schande zu und mache mich beseelt von sozialem Tatendrang auf den Heimweg. Nicht zuletzt deswegen, weil mir @Codeispoetry, einer der Organisatoren des »Twittwochs«, den Tipp für ein cooles neues Twitter-Tool gegeben hat, das ich vor der dringend anstehenden Versöhnung mit meiner Herzallerliebsten schnell noch installieren und testen will. Ich bin mir sicher: Wenn ich es ihr erkläre, wird meine Augenweide Verständnis dafür haben.

Hat sie aber nicht.[35]

---

[35] Daran erkenne ich einmal mehr, wie schwankend Frauen in ihrer Meinung sind. Ich nehme mir vor, gleich am folgenden Morgen einen ausführlichen Blogeintrag darüber zu schreiben, den ich danach auch twittern werde. Das hat sie dann davon.

»Joachim«, erklärt sie mir einmal mehr. »Ich glaube, du bist internetsüchtig.«

»Bin ich nicht«, erwidere ich ruhig und googele parallel nach dem Begriff, um ihr ihren Irrtum zu verdeutlichen. Ich blicke erst auf, als eine brutale Hand mir das Notebook vor der Nase zuklappt. Ich kann gerade noch meine sensiblen Finger aus der hinterhältigen Falle ziehen.

»Ich spreche mit dir«, schreit die Uneinsichtige. »Und ich will, dass du mit mir sprichst.«

»Aber das tue ich doch«, verteidige ich mich, während ich hastig die SMS an meinen Psychiater fertigtippe. Er soll sich mal das neurotische Weib ansehen, mit dem ich verheiratet bin. Ganz offensichtlich leidet es unter Verfolgungswahn. Ich und internetsüchtig – völliger Schwachsinn.

Ich wehre mich heftig, als die vollkommen Wahnsinnige versucht, mir mein Smartphone zu entwinden, nur weil ich kurz meinen Facebook-Account checken will. Vielleicht hat ja mein Psychiater schon online geantwortet?

»Du bist nicht nur internetsüchtig, sondern komplett digital abhängig«, brüllt das verrückte Weib, während es versucht, die Finger meiner verkrampften rechten Hand mit ihren roten Krallen aufzubiegen, um an das Smartphone zu gelangen.

»Selbstverständlich nicht«, erwidere ich vernünftig und schlage ihr mit der Linken rhythmisch die

Thermoskanne auf die Handrücken, die ich vom Tisch gezogen habe.

»Bist du doch«, stößt sie mit vollem Mund hervor, denn sie hat begonnen, in meinen rechten Daumen zu beißen.

»Nein«, keuche ich atemlos, während ich mit der Grillzange als Hebel Millimeter für Millimeter ihre Finger auseinanderdrücke, die sie um meinen Unterarm gekrallt hat.

»Aber ja doch«, kreischt sie und wirft sich mit ihrem gesamten weichen Körper auf meine Hand. Ich stolpere über das Schlachtermesser, das ich zur Verteidigung ergriffen hatte, aber durch ihren hoch angesetzten Fußtritt gegen meine Schulter fallen lassen musste. Gemeinsam stürzen wir zu Boden und begraben mein Smartphone unter unseren Körpern. Mit einem laut vernehmbaren *Knacks* teilt uns das Gerät daraufhin mit, dass es soeben seine Sollbruchstelle gefunden und ihrer Bestimmung zugeführt hat.

Weinend sitze ich über den Plastiktrümmern meiner digitalen mobilen Existenz, während das wahnsinnige Weib um mich und das traurige Häufchen Metall- und Plastikteile einen Freudentanz aufführt, den sie mit frenetischem Geheul unterstreicht.

Ich beschließe, sofort meinen Anwalt anzurufen, um ihn die Scheidungspapiere aufsetzen zu lassen. Doch noch während ich mein Smartphone suche, wird mir mein ganzes Elend wieder bewusst, und ich werde von einem erneuten Weinkrampf heimgesucht. Auf dem Boden zusammengekauert, kralle ich meine Hände in die Reste meiner digitalen Verbindung zur Außenwelt und gebe mich ganz meinem Schmerz hin.

Ein wahrer Mann kann fallen. Liegen bleiben jedoch niemals! Ich beschließe, mich dem unbarmherzigen Schicksal zu stellen und mit einer wohlüberlegten und intellektuell unangreifbaren Argumentation wieder Boden gutzumachen:

»Ich bin doch nicht süchtig«, winsele ich. Eines muss man meiner Frau lassen: Wie jede Frau weiß sie, wann sie gewonnen hat.[36]

»Doch«, erklärt sie mir in einem Ton, den sie normalerweise nur für meinen Sohn übrig hat, wenn sich dieser beim Spielen das Knie aufgeschrammt hat.

»Jeden Abend, wenn wir Fernsehen schauen, drückst du auf der Fernbedienung herum«, erklärt sie mir und streicht mir versöhnlich über den Kopf. »Und als ich dich das letzte Mal gefragt habe, hast du mir geantwortet, das würdest du machen, damit sich der Bildschirmschoner nicht aktiviert.« Ich nicke schluchzend und beschließe, ihr zu verschweigen, dass ich erst letzte Woche vergeblich versucht habe, mit der Fernbedienung des DVD-Players meine

---

[36] Für gewöhnlich jedes Mal.

E-Mails abzurufen, und erst an dem Punkt gemerkt habe, dass ich nicht mein Smartphone in Händen hielt, als die Starwars-Titelmelodie aus den Lautsprechern tönte.

»Und die Heftklammern in der Schreibtischplatte, wo kommen die her?«, legt sie unerbittlich nach.

»Aber wenn doch der Tacker und die PC-Maus einander zum Verwechseln ähnlich sehen«, versuche ich lahm, mein Missgeschick zu entschuldigen.

»Und wie war das, als du in der ADAC-Straßenkarte die Zoomfunktion gesucht und versucht hast, auf Satellitenansicht umzustellen?«, fragt meine Inquisitorin erbarmungs- und gefühllos weiter.

Zögernd nicke ich und erkenne endlich mein Schicksal und meine Bestimmung. Offensichtlich sollte ich in der Tat meinen Internetkonsum künftig ein wenig einschränken. Ich nehme meine Retterin fest in die Arme, und gemeinsam feiern wir tränenreich unsere Versöhnung und die Wiederbelebung unserer langjährigen Partnerschaft.

Nie wieder, so schwöre ich ihr und mir, soll sich ein digitales Gerät oder gar das Internet zwischen mich und die richtige Welt drängen.

Und gleich morgen gehe ich los und kaufe mir ein neues Smartphone. Ich hatte ohnehin schon länger mit einem neuen, leistungsstärkeren Modell geliebäugelt, das zusammen mit einer deutlich günstigeren Internet-Flatrate geliefert wird. Und vielleicht liegt in meinem E-Mail-Eingangsfach ja schon die

Benachrichtigung des Feedreader-Herstellers, dass eine neue, bessere Programmversion zum Herunterladen bereitsteht.

10 Dinge, die ich an Facebook nicht ausstehen kann

Natürlich bin ich auf Facebook zu finden.[37] Wie außer mir noch 350 Millionen andere Menschen. Wer das Pech hat, sich dort regelmäßig aufzuhalten, wird das größte Social Network der Welt schnell hassen lernen:

10. **Spieleanfragen:** Nein, ich will nicht Mafia-Wars spielen. Oder Farmville. Oder Vampir-Irgendwas. Ich hätte gerne ab und zu noch irgendetwas anderes auf meinem Facebook-Einladungsschirm gehabt als Spieleeinladungen und Hinweise, dass ich soeben eine Pistole, eine Kuh oder ein Bund Knoblauch von einem meiner Freunde geschenkt bekommen habe. Herzlichen Dank. Allerdings: Wenn ich mit der Pistole die Kuh – und

---

[37] Falls es Sie interessiert: Sie finden mein Profil auf *http://de-de.facebook.com/joachim.graf*. Das können Sie leider nicht ansehen. Dazu müssen sie erst mein Freund sein. Bieten Sie mir einfach die Freundschaft an. Ich werde sie gerne annehmen, selbst wenn ich Sie nicht kenne. Viele Freunde zu haben – das macht sich schließlich gut in einem Facebook-Profil.

diese dann mit dem Knoblauch ... Schenkt mir jemand dafür vielleicht einen digitalen Herd?

9. **Digitale Geschenke:** Vielen Dank für die virtuelle Blume. Herzlichen Dank für das schlecht gerenderte digitale Marken-T-Shirt. Wirklich ganz reizend, mir ein grünes Kleeblatt zum St. Patrick's Day zu schicken – selbst wenn ich keinerlei Erinnerung an irgendwelche irischen Wurzeln habe. Aber ich weiß wirklich nicht, was ich mit einer gemailten schlechten Clipart-Grafik tun soll.

8. **Fananfragen:** Ich eigne mich nicht zum Fan. Egal wovon. Weder von Coca-Cola und schon gar nicht vom FC Bayern oder der ABC Electronics GmbH & Co. KG. Auch Britney Spears und Barack Obama müssen auf mich als Fan verzichten.[38]

7. **Anstupsen:** Ich habe es als Kind schon gehasst, wenn Leute sich an mich herangeschlichen haben, um mich anzustupsen, und dann betont unauffällig in eine andere Richtung geschaut haben. Die digitale Version ist um keinen Deut besser.

---

[38] Vielleicht sollte ich mir auch eine Fanseite zulegen. Und alle einladen, »Fan von Joachim Graf« zu werden. Klingt doch cool, oder?

6. **Freundschaftsvorschläge zu und Freundschafts-angebote von mir Unbekannten:** Ich habe bis heute nicht verstanden, warum irgendwelche Menschen meine Freunde werden wollen, die ich nicht kenne (und von denen ich mir sicher bin, dass sie auch mich nicht kennen). Was mich ärgert: Ich habe ein schlechtes Personen- und Namensgedächtnis. Deswegen überlege ich immer minutenlang, woher ich einen Menschen kenne, selbst wenn ich mir sicher bin, dass ich ihn nicht kenne. Vielleicht doch der Vortrag in Oer-Erckenschwick? Oder die Party am Flaucher letztes Jahr, wo definitiv das letzte Bier schlecht gewesen ist?

5. **Ganzvielgeld aus Ganzweitweg:** »Ich bin Witwe des Finanzministers von Lesotho und muss 50 Millionen Dollar ins Ausland bringen. Bitte gib mir Deine Kontonummer.« Danke, lieber nicht. Mein Konto würde ohnehin nicht wissen, was es mit dieser Menge Geld anfangen soll, und müsste sich übergeben.

4. **Facebook-Design:** Wo ist denn die Funktion, mit der ich eine Anwendung abbestelle? Und wo war gleich die Funktion, mit der ich auf meiner Profilseite dieses Ding platzieren kann? Und wo ...? Vielleicht hat Facebook nur deswegen 350 Millionen Nutzer, weil noch keiner in diesem De-

sign- und Usability-Verhau den Ausgang gefunden hat?

3. **Facebook-Kommentarfunktion:** Wenn Sie einmal einen Kommentar auf Facebook geschrieben haben, bekommen Sie die weiteren Kommentare aller anderen Nutzer zugeschickt. Für den Rest Ihres Lebens. Hallo – warum kann ich das nicht abstellen, wie das jeder andere dahergelaufene Blog kann?

2. **»Welche Hundehütte bist du«-Einladungen:** Nein, mich interessiert nicht, was ich für ein Lovertyp bin oder welche Sorte von Zigarre, Unterhose oder Hundehütte ich bin. Nebenbei: Das interessiert mich auch nicht die Bohne bei anderen Menschen. Und ich will auch nicht wissen, welche Bohnensorte ich bin.

1. **Fotos von mir, die 350 Millionen Facebook-Mitglieder, meine Frau und mein zukünftiger Arbeitgeber sehen können:** Danke für Ihre Unterstützung, an meiner digitalen Reputation zu arbeiten. Nein, ich schätze es gar nicht, wenn unvorteilhafte Fotos von mir auf Facebook gestellt werden. Auch nicht von besagter Fete an der Isar mit dem schlechten Bier. Könnten Sie sie BITTE wieder entfernen? Und: Nein, es reicht mir nicht, dass Sie meinen Namen aus der Bildbeschrei-

bung löschen. Ich glaube an die Intelligenz von Bildsuchmaschinen, die mein Gesicht auch in unvorteilhaften Situationen automatisch erkennen und meinem Namen zuordnen werden.

10 gute Gründe, Xing zu hassen

Xing ist das für das digitale Geschäftsleben in Deutschland, was im richtigen Leben der Golfclub ist. Kein Mensch will da rein, aber alle müssen, weil alle anderen da auch drin sind – vor allem die wichtigen Leute. Deswegen bin ich natürlich auch mit einem Nutzerprofil auf Xing[39] vertreten. Nur in der Golfgruppe bin ich dort auch nicht. Meine Highscoreliste der hassenswerten Dinge auf Xing:

10. **»Mitglieder, die Sie kennen könnten«:** Man kennt vielleicht jeden Menschen durch maximal sieben Kontaktstationen. Aber man kennt keinen durch eine einzige Kontaktstation. Ich habe selten eine Funktion gesehen, die mit schlafwandlerischer

---

[39] Falls es Sie interessiert: Sie finden mein Profil auf *https://www. xing.com/profile/Joachim_Graf*. Sie können mir gerne den Kontakt anbieten. Allerdings nur, wenn Sie mir versprechen, dass Sie irgendetwas von mir kaufen (mein nächstes Buch zum Beispiel). Denn dazu sind Freunde auf Xing schließlich da: um sich gegenseitig etwas abzukaufen. So habe ich das zumindest verstanden – selbst, wenn ich persönlich auch natürlich nie …

Sicherheit mir so viele Unbekannte anzeigen kann wie diese Xing-Funktion. Vielleicht außer der entsprechenden Funktion auf Facebook.

9. **Gruppen-Abonnement-Funktion:** Ich kann entweder alles einer Gruppe abonnieren – oder gar nichts. Das heißt: Entweder bekomme ich interessante Beiträge nicht angezeigt, weil sie längst aus meiner Startseite rausgescrollt sind. Oder ich bekomme die interessanten Beiträge nicht angezeigt, weil ich sie nicht angezeigt bekomme. Toll.

8. **»... freut sich über Projektanfragen«:** Wenn ich für jede Statusmeldung mit dem Wörtchen »freut« einen Cent bekomme, könnte ich mich als Millionär zur Ruhe setzen und müsste keine Bücher schreiben. Übrigens: Ich freue mich natürlich über Verlagsanfragen.

7. **Suche: »Kontakte«. Biete: »Kontakte«:** Noch exakter können Sie Ihr Xing-Profil nicht ausfüllen?

6. **Kontaktkommunikatoren:** Sie müssen mir keine Kontaktanfrage schicken, um mir eine Nachricht zukommen zu lassen. Wenn Sie schon zu geizig sind, die 5,95 Euro für den Xing-Account hinzulegen: Vielleicht haben Sie ja schon mal was von diesem neumodischen Kram namens »E-Mail« gehört?

5. **Witzbolde:** Schön, wenn jemand die Zeit hat, im Halbstundenrhythmus seine Statuszeile mit einem weiteren Bonmot aus der Zitatedatenbank zu füllen. Oder mit einem lustigen Witzchen. Kann er das bitte woanders machen? Möglichst in einem Social Network, das ich nicht kenne?

4. **Kontaktsammler:** »Ich habe Ihr Profil gesehen, und ich denke, wir haben gemeinsame Interessen.« Nein, haben wir nicht. Weil: Lebensversicherungen gehören nicht zu meinen Hobbys. Und ich habe auch nicht die Absicht, gemeinsam mit Ihnen die Welt zu retten. Ebenso wenig gehöre ich zu den Mitgliedern der Xing-Gruppe »Kontakte«[40], deren einziger Zweck es ist, sich gegenseitig zu verkontakten, damit alle mit möglichst hohen Kontaktzahlen glänzen können.[41]

3. **Gruppen- und Veranstaltungs-Einladungen per Xing-Funktion:** Nein danke, ich habe kein Interesse an einem Tantra-Wochenende für Frauen. Und das Numerologie-Grundlagenseminar interessiert mich auch weniger (offenbar die 430 Eingeladenen auch nicht, wenn die Teilnehmerzahl

---

[40] Die gibt es wirklich: https://www.xing.com/net/kontakt hat über 12 000 Mitglieder.
[41] Man muss sich das als Social-Network-Äquivalent von Gruppenonanie in der Öffentlichkeit vorstellen.

sich auf exakt »1« beläuft – die Einladende nämlich). Auch die Gruppe »Muscheln sammeln im
Fichtelgebirge« entspricht übrigens nicht meinem Kerninteressenprofil.

2. **MLM-Anfragen:** »Multilevelmarketing« ist eine
   andere Bezeichnung für die Lizenz, schlechte
   Verkaufsmethoden mit halbseriösen Businessab-
   sichten zu kreuzen. Nein, ich suche kein erfolgs-
   trächtiges Zweiteinkommen. Ich versuche es mit
   einem erfolgsträchtigen Ersteinkommen.

1. **Business-Spam:** Wie gesagt: kein Interesse an Ver-
   sicherungen. Auch philippinische Goldanleihen
   und rumänische Offshoreangebote interessieren
   mich nur mäßig. Schade, dass der Xing-Reply keine
   Funktion »Bombe an Absender schicken« hat.

13 wohlfeile Argumente, Twitter zu verdammen

Natürlich bin ich in Twitter.[42] Ich weiß also, wovon ich
tweete (wenn ich auch nicht weiß, warum). Darum

---

[42] Falls es Sie interessiert: *http://twitter.com/joachimgraf*. Sie dürfen
mir natürlich followen. Ich freue mich. Wenn meine Frau sagt, eine
hohe Follower-Zahl sei mir wichtiger als Sex, dann hat sie damit
natürlich Unrecht. Ich habe genau abgewägt. Der Sex hat gewonnen.
Wenn auch nur knapp.

mein ultimatives Ranking der hassenswerten Dinge
auf Twitter:

13. **Akronym-Diarrhö:** Texte kürzer als eine SMS
    führen zu grammatikalisch verkorksten Akro-
    nym-Aphorismen. Ich kann viele Tweets nicht
    lesen, weil sich mein Sprachzentrum einfach
    weigert.

12. **Walfische:** Ein Unternehmen ist 753 Fantastil-
    lionen wert, wird gefühlt alle zwei Wochen wahl-
    weise von Google oder von Microsoft gekauft
    und will nach eigenen Angaben eine Milliarde
    Erdenbürger in den kommenden Jahren vernet-
    zen. Dennoch fällt es so oft auf den Bauch wie
    ein einjähriger Steppke. Schon mal was von Pro-
    zesssicherung gehört?

11. **Inhaltsleere Twitter-Profile:** Wenn das Twitter-Pro-
    fil im Wesentlichen enthält, dass der Twitterati
    ein Twitterati ist (und vielleicht noch: ein Blog-
    ger). Warum schreiben Sie nicht, was Ihr Point
    of View ist? Aus den Tweets lässt es sich nicht
    immer herauslesen, denn:

10. **Klo-gehen-Tweets:** Es gibt sie ja, die Tweets der
    Marke »Döner gekauft«, »Döner gegessen«, »Döner
    wieder an die Umwelt abgegeben«. So etwas ist
    nur in sehr kleinen Dosen erträglich. Genauer:

in sehr kleinen Dosen, die dort liegen, wo ich nicht hinkomme.

9. **Leute, die Twitter für ein Klo-geh-Kommunikationssystem halten:** Schon mal gehört, dass man Leute auch un-followen kann? Dass man Twitter nach seinen eigenen Kommunikationsinteressen aussteuern kann? Jetzt tun Sie mal nicht so überheblich. Twitter ist nicht deswegen Quatsch, weil es Leute gibt, die Quatsch twittern (aber für Sie die faule Ausrede, sich nicht damit zu beschäftigen).

8. **Twitter-Experten:** Leute, die durch die Unternehmen rennen, um den Marketingleuten dort eine Twitter-Strategie zu verkaufe, nach dem Motto: »Wir haben hier eine Lösung, lasst uns gemeinsam das Problem dazu finden.« Die haben vor Jahren den Marketingleuten auch eine Second-Life-Strategie verkauft. Und danach eine Corporate-Blog-Strategie. Enttäuschung vorprogrammiert, aber immerhin einen Coolness-Etat verkauft.

7. **Twortspiele:** »Twichteln«, »Twitzelessen«, »Twit-tagessen«. Ich hasse diese dämlichen Wortspiele.

6. **»Hab ich schon getwittert«:** Eine Aussage, die »Pfau-Radschlagen 2.0« ist. Sie will sagen: »Ich

bin schneller, schlauer und besser vernetzt als du.« Aber das habe ich ja schon mal getwittert. Sie können es ja retweeten.

5. **Meiner ist länger:** »Ich habe mehr (oder: weniger) Follower als du!« und/oder »Ich stehe auf mehr Twitter-Follower-Listen« ist die Ursache für mindestens dreihundert falsche Twitter-Strategien. Es ist egal, solange Ihnen die richtigen Leute followen, schon vergessen? Das führt direkt zu:

4. **Follower-Rankings:** Die Twitter-Charts der Medien, Blogger, Säbelzahntiger ... Es interessiert mich nicht, dass *Bravo* mehr Follower hat als *Spiegel Online*. Oder umgekehrt. Es sagt auch nix über die Relevanz aus. »Die erfolgreichsten Marken/Medien/ Säbelzahntiger auf Twitter« – wer so etwas kommuniziert, weiß entweder nicht, was Erfolg ist, was Marken sind oder wie Twitter (oder Säbelzahntiger) funktioniert. Meistens sogar keins von den dreien. Ich hasse Autoerotik – wenn ich zuschauen muss, ob ich will oder nicht.

3. **Spam-Follower:** *I hate them.* Stopfen die Follower-Liste voll, nur um Porno-Chats, Viagra-Pillen und supergeile SEO-Strategien zu verkaufen. Das führt zu:

2. »**100 000 Twitter-Followers für 2537 € kaufen.**«
Schicken Sie mir 100 Euro, und ich sage Ihnen,
wie Sie sich 2437 € sparen.

1. **Leute, die Spam-Followern followen:** Das sind
diejenigen, auf die die Spammer schielen, und
somit für diese Seuche mit verantwortlich. Schauen
Sie sich doch Ihre Follower an, statt wild zu re-
followen!

Handys: die noch kleineren miesen digitalen Dinger

Ich finde es beeindruckend, was die Hersteller von Mo-
biltelefonen in den letzten Jahren geleistet haben. Früher konnte man mit den Geräten lediglich telefonieren. Inzwischen sind sie so intelligent, dass ich jedes
Mal von einem Anflug von Minderwertigkeitskomplex geplagt werde, wenn ich in meine Tasche greife.

Dieser Minderwertigkeitskomplex hält so lange an,
bis ich mein Handy anschalte. Von diesem Moment
an überzeugt es mich regelmäßig davon, dass ich gar
keinen Komplex habe, sondern tatsächlich minderwertig bin. Zumindest zu minderwertig, um diesem
Wunderwerk der Technik anständig zu huldigen und
sich mit seinen Macken auseinanderzusetzen.

Als ich meinen Sohn gefragt habe, welches neue
Mobiltelefon ich mir kaufen soll, hat er geschnaubt.[43]

Dann hat er meiner Schwiegertochter eingeschärft, uns die nächsten fünf Stunden nicht zu stören. Anschließend hat er sein Notebook aufgeklappt und eine Handy-Vergleichsportal-Website aufgerufen. Selbstverständlich aus seinen Browser-Bookmarks. Schließlich kauft mein Sohn sich in etwa so oft ein neues Handy wie ich mir ein neues Hemd. Das entspricht im Schnitt einmal im Monat. In diesem Intervall weist mich meine Frau nämlich darauf hin, dass es in der Billigkette ihrer Wahl eine Sonderaktion mit wun-der-schö-nen Hemden gäbe, worauf wir den kompletten darauffolgenden Samstag damit verbringen, mir ein Hemd und ihr drei bis sieben Paar Schuhe zu kaufen.

Mein bisheriges Mobiltelefon hatte mir bislang gute Dienste geleistet. Ich konnte damit hin und wieder telefonieren, es lag gut in der Hand und es eignete sich an windigen Tagen hervorragend als Stopper für die geöffnete Balkontür. Inzwischen war es allerdings ein wenig in die Jahre gekommen, weswegen ich mich entschloss, auf ein neueres Modell umzusteigen. Zum einen deswegen, weil es meiner Reputation sicher nicht schaden würde, wenn ich

---

43 Ich muss gestehen: Mein Ältester ist ein Geek. Und Geeks sprechen nicht mit Nicht-Geeks, selbst wenn sie mit ihnen verwandt sind. Sie kommunizieren mit ihnen so, wie Computer mit ihren Nutzern kommunizieren: Über den eruptiven Ausstoß von unverständlichen Digitalinformationen.

mit der Zeit ginge. Vor allem aber wohl deswegen, weil die Bundespost (inzwischen wohl »Telekom«) ihr analoges C-Netz abgeschaltet hat.

Die Erklärungen meines Sohnes lehrten mich zweierlei:

- Zum einen kostet ein Handy offensichtlich inzwischen so viel wie ein Computer. Selbst wenn die Preisangaben für Handys missverständlich sind. Stünden sie auf dem Preisschild für einen Computer, dann würde es wohl heißen: »Ihr PC kostet nur einen Euro*.« Und im Kleingedruckten stünde dann: »* Zuzüglich 19 Euro Prozessor, Hauptplatine und Bildschirm, 299 Euro Bereitstellungsgebühr, 499 Euro Händlergebühr, 299 Euro Tastaturaufschlag und 499 Euro Festplattenlizenz.«
- Zum anderen lernte ich, dass der Preis der Leistungsfähigkeit eines Handys entspricht. Und die setzt sich zusammen aus seiner Intelligenz – ich verstand das als die Anzahl der fest eingebauten Fehler, der Geschwindigkeit, mit der es eine größtmögliche Zahl von Katastrophen produziert – sowie der Antwortzeit – also der Zeit, die das Gerät braucht, um sich von meiner Eingabe zu erholen.

Mein Sohn empfahl mir schließlich ein Gerät zum Preis von einem Euro. Nachdem ich zusätzlich auch alle hinter dem Sternchen verborgenen Gebühren, Aufschläge, Zusatzkosten und Abonnements bezahlt hatte, blieb von meiner zu diesem Zweck gekündigten Lebensversicherung noch so viel Geld übrig, dass ich mir in der Apotheke ein kleines Fläschchen Beruhigungstropfen kaufen konnte.

Das Fläschchen hatte ich mir geleistet, nachdem der Onlineshop das gewünschte Mobiltelefon geliefert hatte. Genauer gesagt: nachdem

- der Onlineshop mir das falsche Mobiltelefon geliefert hatte,
- ich das falsche Mobiltelefon zurückgeschickt hatte,
- ich das falsche Mobiltelefon mit dem Hinweis »Annahme verweigert« zurückbekommen hatte,
- ich mehrere Tage lang mit mehreren unterschiedlichen Support-Mitarbeitern telefoniert hatte, bis der letzte Telefongesprächspartner mir in einem Anfall von Gnade eine Rücksendenummer gewährt hatte,
- ich das falsche Mobiltelefon ein zweites Mal – diesmal mit Rücksendenummer – zurückgeschickt hatte,
- der Shop mir das richtige Mobiltelefon, allerdings mit der falschen Versionsnummer zugeschickt hatte,
- ich eine weitere Runde mit weiteren Support-Mitarbeitern darüber diskutiert hatte, warum ich überhaupt die andere Handyversion brauche,
- ich (nachdem ich rituellen Harakiri durch Aufschlitzen mit der falschen Handyversion angekün-

digt hatte) die falsche gegen die richtige Version ausgetauscht bekommen habe.

Nun stand also ein Paket mit der richtigen Handyversion vor mir. Zumindest stand genau das außen auf der Verpackung, was mein Sohn für mich bestellt hatte, weil das gut für mich sei.[44]
Das Paket war nur unwesentlich kleiner als die Verpackung, in der vor einiger Zeit die neue Waschmaschine der Familie geliefert wurde. Und auch nur unwesentlich leichter, wie ich bei dem Versuch, es auf den Küchentisch zu hieven, feststellen musste. Nach meinem kurzen Besuch beim Chiropraktiker und der netten Krankengymnastin, die meine verrenkte Schulter wieder in die biologisch vorgesehene Position gebracht hatte, machte ich mich ans Auspacken. Anderthalb Stunden später war ich um eine Reihe von Erkenntnissen bereichert:

1. Je einfacher die Gebrauchsanleitung (beispielsweise: »hier ziehen«), desto schwieriger ist es, alle Einzelteile heil aus dem Verpackungsmaterial zu schälen.
2. Das wichtigste Teil wird grundsätzlich mit der Verpackung weggeschmissen.

---

[44] Er hatte es anders ausgedrückt. Aber ich nehme seinen Satz: »Ein komplizierteres Gerät als das hier wirst du ohnehin nicht verstehen« mal als den Versuch, nett zu mir zu sein.

3. Man wird nie wieder alle Einzelteile der Verpackung zurück in den umhüllenden Karton bekommen, um diesen wegräumen zu können.
4. Sobald ein Mobiltelefon seine Verpackung verlassen hat, wird es nie wieder hineinpassen.
5. Je mehr Verpackungsmaterial zum Einsatz kommt, umso mehr Teile sind nach dem Auspacken zerstört oder nicht mehr aufzufinden.

Das Mobiltelefon selbst war ausgesprochen schnell gefunden: Ich musste lediglich den blauen Müllsack Stück für Stück wieder ausleeren, bis ich zu guter Letzt ein kleines schwarzes Plastikteil entdeckte, das ich irrtümlich für die Verankerung der oberen Styroporverkleidung an derjenigen für die hintere Styroporverkleidung gehalten hatte, weil sie sich nur unwesentlich von der Verankerung unterschied, die die vordere Styroporverkleidung mit der unteren Styroporverkleidung verband.

Tatsächlich entpuppte sich das hässliche Plastikteil als das gesuchte Mobiltelefon. Meine Verwechslung brachte mir sowohl die entsetzten Aufschreie meiner Kinder ein[45] als auch den missbilligenden Blick meiner Ehefrau. Schließlich hatte diese stets

---

[45] Sie sind sämtlich Teil der Kirche, die sich als Computer- und Mobiltelefonhersteller tarnt. Eine nicht gebührende Beachtung von Geräten mit dem der Pflanzenwelt entlehnten Signet der Herstellerkirche/des Kirchenherstellers kommt in ihren Augen der Gotteslästerung gleich.

argumentiert, dass ich das Geld, das das Handy kostet, besser zur Komplettfinanzierung einer Doppelhaushälfte für die Familie verwenden soll. (Mein Argument, das Mobiltelefon würde uns ja erst den Weg zu eben dieser Hausfinanzierung ebnen, weil es mir neue Berufschancen eröffne, hatte nicht einmal ein höhnisches Schnauben ihrerseits ausgelöst.[46])

Natürlich war das Teil kaputt.

Erst mehrere aufgeregte Anrufe meinerseits bei der Service-Hotline des Herstellers (die mich dank dessen Kostentaktung schätzungsweise um den Gegenwert einer Rasenheizung für die Doppelhaushälfte brachten) klärten mich darüber auf, dass es zu der Inbetriebnahme meines Mobiltelefons zwingend erforderlich sei, eine SIM-Karte einzulegen. Meinen Einwand, dass ich keine simulierte Karte nötig habe, ignorierte der zunehmend unwirscher werdende Servicemitarbeiter.

Ob ich denn im Handbuch nachgelesen hätte, wollte er schließlich von mir wissen.

»Handbuch? Welches Handbuch?«, antwortete ich aufrichtig ahnungslos.

Ich erfuhr, dass es sich bei dem Handbuch um das Verpackungsteil handelt, das ich irrtümlicherweise für einen versehentlich beigelegten Ziegelstein gehalten hatte. Was ich angesichts seiner Form und

---

[46] Wenn sie will, dann kann auch meine Frau digital kommunizieren.

seines Gewichts für einen kaum vermeidbaren Irrtum hielt, wovon ich den Servicemitarbeiter jedoch nicht so richtig überzeugen konnte.

Ich beschloss, über meinen Schatten zu springen und etwas zu tun, was ich bislang noch nie getan habe. Und was meines Wissens auch noch keiner meiner Bekannten je getan hatte.

Ich beschloss, das Handbuch zu lesen.

Es gibt existenzielle Erfahrungen: Die Besteigung eines Achttausenders soll eine solche Erfahrung sein. Oder ein Nahtoderlebnis. Vielleicht auch die Lektüre eines komplexen philosophischen Werkes wie Arno Schmidts »Zettels Traum« oder eine Bibelexegese. Aber nichts verändert einen Menschen nachhaltiger als die komplette Lektüre eines Handyhandbuchs.

Ein Text, der – völlig entfremdet vom Alltäglichen – den Leser in sprachliche Höhen führt: erst fernab des Verständlichen, dann befreit von Sinn, Zweck, Zeit und Raum. Was für Weise müssen die Autoren doch sein, dachte ich bei mir, als ich Seite für Seite in mich aufsog. Philosophen, die sich fernab profaner alltäglicher Niederungen solch vulgären Konzepten wie »Verständlichkeit« oder »Logik« entsagen können. Die ihre Weisheiten, dem Orakel von Delphi gleich, in Absätze und Kapitel fassen können, ohne sich gleichzeitig von diesen beschränkenden Strukturen in ein Korsett platter Diesseitigkeit zwängen zu lassen.

Ich empfand Ehrfurcht. Ehrfurcht und Demut. Ich verstand erstmals den Philosophen, der da gesprochen hatte: »Ich weiß, dass ich nichts weiß.« Und bewunderte ihn dafür, dass er zu diesem tiefen Verständnis der menschlichen Existenz vorgedrungen war, ohne jemals ein Handyhandbuch gelesen zu haben.

Erst das Rütteln an meiner Schulter brachte mich am anderen Morgen wieder in mein kümmerliches Dasein zurück. Mein unwirscher Sohn wollte nichts wissen von der Aufhebung des Korsetts platter Diesseitigkeit, von der Entleerung der Sprache durch den Sinn, auch nicht von simulierten Karten, die in der Unerforschlichkeit der Verpackung dräuten.

»Nimm die SIM-Karte und leg sie einfach ein«, schnappte er, zusehends ungehalten über seinen technisch unbegabten Erzeuger. In freudiger Erwartung machte ich mich zusammen mit der Frucht meiner Lenden auf die Suche nach der geheimnisvollen Karte der Simulationen.

Nach kleinen zwei Stunden wurden wir unterhalb eines achtlos weggeworfenen Folienteils fündig: ein mikroskopisch kleines Rechteck.

»Das ist deine SIM-Karte«, klärte mich unfreundlich der Sohn meiner Ehefrau auf.

Bevor ich dem naheliegendsten Impuls nachgab – nämlich mich zu schämen –, beschloss ich aus purer Rache, ihn die Vermählung der beiden Miniaturbauteile durchführen zu lassen, und mir dabei über sein Vorgehen Notizen zu machen.

In den darauffolgenden Stunden habe ich viel über die Seele gelernt. Vor allem über die Seele des Unbelebt-Digitalen. Die zwanzig philosophischen Regeln, die mit dem Einbau von elektronischen Bauteilen einhergehen, lauten nach meiner festen Überzeugung wie folgt:

1. Bauteile funktionieren so lange und wirklich nur so lange, bis sie die Eingangskontrolle passiert haben.
2. Ein kostspieliges Bauteil, geschützt durch eine schnell wirkende Sicherung, wird die Sicherung schützen, indem es zuerst durchbrennt.[47]
3. Nachdem man bereits alle acht Halterungsschrauben am Gehäuse entfernt hat, wird man feststellen, dass man die falsche Abdeckung entfernt hat.
4. Nachdem eine Abdeckung durch acht Halterungsschrauben gesichert wurde, wird man feststellen, dass man eine Steckbrücke vergessen hat.
5. Jeder Schaltkreis, der entwickelt wird, enthält zumindest zwei Teile, die veraltet sind, zwei Teile,

---

[47] Wir hatten eine längere Diskussion mit der Serviceabteilung des Onlineshops. Erst nachdem wir gedroht hatten, uns weitere Bauteile von ihm um den Bauch zu binden und ihn zum Zwecke eines Selbstmordattentats zu besuchen, willigte er in einen Kulanz-Umtausch ein.

die nicht erhältlich sind, und zwei Teile, die noch entwickelt werden müssen.

6. Nachdem das elektronische Gerät wieder in Betrieb genommen wurde, findet man restliche Teile auf dem Arbeitsplatz.

7. Toleranzen werden sich in eine Richtung zum Zwecke der größten Schwierigkeiten beim Montieren ansammeln.

8. Die Steckplätze, in die man etwas einstecken oder einbauen will, sind am schlechtesten zugänglich.

9. Für alle komplizierten Montagen braucht man drei Hände.

10. Für alle einfachen Montagen braucht man vier Hände.

11. Gehäusebohrungen sind stets einen Zehntelmillimeter zu klein.

12. Bohrungen mit dem richtigen Durchmesser befinden sich an der falschen Stelle.

13. Muttern passen nie auf überzählige Schrauben.

14. Zusammenbauanleitungen und -skizzen haben ihren eigenen künstlerischen Wert. Mit der realen Situation haben sie allerdings nichts zu tun.

15. Explosionszeichnungen verdanken ihren Namen der Reaktion des Anwenders auf ihre Fehlerhaftigkeit.

16. Die Wahrscheinlichkeit des Verschwindens eines Bauteils ist direkt proportional zu seiner Wichtigkeit.

17. Die Wahrscheinlichkeit des Ausfalls eines Bauteils ist umgekehrt proportional zu seiner Wiederbeschaffbarkeit.
18. Die Lieferbarkeit eines Bauteils ist umgekehrt proportional zu den Zusicherungen des Verkäufers.
19. Um eine n-polige Verbindung herzustellen, hat man einen (n+1)-poligen Stecker und eine (n−1)-polige Buchse.
20. Fluchen hilft nicht, ist aber unabdingbar für das eigene Seelenheil.

Die Sonne versank schon hinter dem Horizont (vermutlich war ihr Mobilfunkvertrag ausgelaufen), da hatte ich endlich, endlich ein funktionierendes Handy in Händen. Mit zitternden Fingern gab ich die erste Nummer ein, um meiner allerliebsten Ehefrau die freudige Kunde mitzuteilen.

Natürlich war die Nummer besetzt.

Pech heißt: Arbeit zu haben oder nicht

Kunden: Kühe reden wenigstens nicht, während sie gemolken werden

Wenn irgendwo der Satz fällt: »Das Einzige, was stört, ist der Kunde«, dann kann ich sicher sein: Gleich kommt ein Besserwisser auf die Idee, für die armen, gepeinigten, von den bösen, bösen Unternehmen ins Abseits Gestellten eine Lanze zu brechen.

Dabei ist es doch so: Der Kunde ist **wirklich** der Einzige, der im Geschäftsleben stört. Vermutlich liegt der Hauptgrund für den Siegeszug des E-Commerce in der Tatsache, dass man hier so wenig von den Kunden mitbekommt. Im Onlinehandel sieht man wenigstens nicht[48] das feixende Gesicht von dem »Wie viel Rabatt bekomme ich?«-Kunden, dem »Mir gefällt die Papierfarbe der Gebrauchsanleitung nicht,

---

[48] Zumindest nicht, solange er seine Webcam nicht angeschaltet hat.

jetzt will ich den leider vor drei Jahren durchge-schmorten Toaster auf Kulanz umtauschen«-Kunden, dem »Ich will mich mal so richtig bei der armen Sachbearbeiterin auskotzen«-Kunden.

Während man im normalen Einzelhandel nur mit der üblichen Quote von Nörglern, Zeitfressern, Schnor-rern, Ungewaschenen und Ungehobelten rechnen muss, deren gefühlter Anteil bei hundert Prozent liegt.

Geschäftskunden haben allerdings den Vorteil, dass sie einfacher zu klassifizieren sind. Denn auch hier gilt: Ein Schrecken, den man benennen kann, ist nur noch halb so schrecklich, wodurch der Nerv-faktor nur noch bei hundert Prozent liegt.[49] Bei der Klassifizierung der verschiedenen Rassen von Unternehmenskunden kommt einem zugute, dass sich Unternehmensentscheider, gleich welcher Art, durch fast völlige Unbeweglichkeit auszeichnen. In-folgedessen sind sie gut zu beobachten:

Beratte, die: Tritt meistens im Rudel völlig identisch aussehender und sprechender Einzellebewesen auf (Ausnahme: IT-Beratte, eine Präform des → Server-hengstes). Weiß, dass das Unternehmen sich ent-weder das aktuelle Projekt oder eine Beratten-horde leisten kann, und beißt dementsprechend

---

[49] Was auf der anderen Seite allerdings zeigt, dass der Autor zu den sieben von fünf Menschen gehört, die nicht rechnen können. Wahr-scheinlich ist er ein Kunde.

jedem Eindringling das Unternehmen weg, das sie als ihr Jagdrevier betrachtet.

Betriebsgans, die: Ernährt sich von Firmengerüchten und Kichererbsen. Ist die Seele einer jeden Betriebsfeier, aber bei Herdenauftrieb nur alkoholisiert zu ertragen. Von außen selten erkennbar, wofür die Betriebsgans eigentlich Gehalt bezieht. Von innen ebenfalls.

Bürosau, die: Hinterlässt auf jedem Schreibtisch ein Häufchen unbearbeiteter Papiere, durchmischt mit erledigten Vorgängen, dringenden Verträgen, E-Mail-Ausdrucken von Blondinenwitzen und noch nicht abgezeichneten Rechnungen, garniert mit leeren Kekspackungen, schmutzigen Kaffeetassen und angebissenen Frühstücksbroten.

Con-Troll, der: Unscheinbares Geschöpf, das nie ohne seine Exceldiagramme anzutreffen ist. Findet nur das gut, was kein Geld kostet, und alles andere überflüssig. Sehr leicht zu ködern durch Fallenlassen des Begriffs »Einsparung«.

Graulocke, die: In Ehren ergrauter ➡ Marketingpfau mit schlechtem Schlipsgeschmack. Sieht in externen Agenturen natürliche Helfer gegen die abgefeimte Taktik der ➡ Vertriebshyäne, ihm via Internet den Einfluss auf die Verkaufsunterstützung zu rauben.

Hockhahn, der: Enger Verwandtschaftsgrad zum in Agenturkreisen sehr weit verbreiteten ➙ Lippenhänger. Ist nie alleine anzutreffen. Wird oft zusammen mit dem Con-Troll gesehen. Partiell stumm, die Kommunikation gegenüber Dritten erschöpft sich im Überreichen der Visitenkarte (»Junior-...«, »Assistent-...«) und dem Getränkeritual (»Ein Wasser bitte«).

IT-Fant, der: Großvater des ➙ Serverhengstes. Vermehrt sich nur selten (er ist BI). Wenn er eine ➙ Beratte sieht, versucht er sie aSAP zu vertreiben.

Kostenbremse, die: Fliegt von Dienstleister zu Dienstleister. Masochistisch veranlagt, schätzt sie es, getreten zu werden. Haustier des Con-Trolls, der (zusammen mit dem Thronhocker) Kostenbremse und Gaspedal abwechselnd in zyklischem Wechsel tritt, was zu branchenüblichem Marktgestotter führt.

Rashorn, das: Vierbeiner aus der Gattung der Dickhäuter. Aufgrund seiner Schwerfälligkeit, die entfernt an einen IT-Fanten erinnert, lässt er sich weder von gutem Reden noch durch körperliche Gewalt stoppen, wenn er sich auf den Weg zu einem neuen Trend gemacht hat.

Reklametussi, die: Verwandt mit dem in Agenturkreisen verbreiteten ➙ Marketingpfau. Man erkennt sie an ihrem prachtvoll bunten Äußeren und dem stets lächelnd geöffneten Mund. Findet alles wundervoll, sofern es mehr als zwei Farben hat, man es auf eine Szenenparty mitnehmen kann, es im TV läuft oder in der Werbepresse erwähnt wurde.

Seitengeier, der: Lautstarker Symbiont des → Con-Trolls. Misst die Qualität einer Webagentur an deren Outputvolumen. Zählt Seiten, Minuten, Grafiken, Code-Klassen und Templates. Weit verbreitet auf der Insel Java.

Serverhengst, der: Neudeutsch CTO. Alt gewordener Programmierer, der nun sein selbstreferenzielles IT-Biotop gegen Eindringlinge verteidigt. Glaubt nicht an den User.

Thronhocker, der: Unsichtbares Alphamännchen mit chronischer Entscheidungsschwäche. Wird als Verantwortlicher für jegliche Form der Entscheidungsvertagung sowie als Rabattforderer angeführt.

Überzeugungstäter, der: Dieses knorrige Geschöpf hat im Gegensatz zu allen anderen Urwaldbewohnern kein Interesse an Nahrung, sondern ausschließlich am Seelenheil. Er weiß: Ohne E-Commerce/E-Business/Seitenwindvergaser ist sein Unternehmen vom Untergang bedroht. Er wird jedem, der es hören will, die Vorteile von E-Commerce/E-Business/Seitenwindvergasern erzählen. Allen anderen auch. Ist der natürliche Feind des → Con-Trolls und der → BeRatte. Überlebt nur die Begegnung mit einem symbiotischen Partner, dem Langschwänzigen Evangelisten.

Vertriebshyäne, die: Raubtier, das dem Rudel die Beute schlägt. Sieht in Agenturen natürliche Nahrungskonkurrenten und im Internet die abgefeimte Taktik des → Con-Trolls, ihn um seinen Anteil zu bringen. Natürlicher Feind der → Graulocke.

Büro: Wie Zoo, nur ohne Gitter

Als der Dichter davon gesprochen hat, dass der Mensch des Menschen Wolf ist – da hat er schamlos untertrieben. Wann immer man durch den Urwald pirscht, der unser aller Geschäftswelt ist, entdeckt man die Vielfalt der Arten, die in diesem entstehen – bedingt durch die gattungsübergreifende Promiskuität seiner Bewohner.

Normalerweise ist hier alles still. Jedoch bringt der Ausstoß eines Lockrufs (»Bitte machen Sie mir ein Angebot«) einige besonders hübsche Arten zum Vorschein. Kreischend bunt und nicht zu überhören kämpfen im modernen Vertriebsdschungel vom kleinen Juniorkontakter bis hin zum kapitalen

Chief Operating Officer die verschiedensten Rassen und Arten von Verkäufern um Nahrung und Einfluss.

Damit Sie den Überblick behalten, nachfolgend die im deutschen Sprachraum verbreitetsten Arten:

1. **Ciioh, der:** Alphatier, bewegt sich ausschließlich in den höchsten Baumwipfeln. Sein wichtigstes Anliegen ist, dass sein Hotel die meisten Sterne hat, sein Firmenparkplatz zehn Zentimeter breiter ist als der der Kollegen und sein Klopapier mit Duftöl getränkt ist. Unterhält sich auf der Kundengegenseite ausschließlich mit dem → Thronhocker. Alle anderen Beziehungen wären unter seiner Würde. Trifft er auf einen Thronhocker, dann kann sich der Ciioh chamäleonartig in fast alles verwandeln, je nach potenzieller Auftragsumme sogar in einen → Lippenhänger.
   Typischer Satz: »Schließlich habe ich mir das verdient!«

2. **Datensau, die:** Kommt in fast jedem Marketingmischgebiet vor. Liebt jede Art von Frühstücksfleisch in Dosen. Wirft mit »Supergünstig«-E-Mails um sich, um Interessenten in ihre Nähe zu locken, denen sie dann Adressdaten stiehlt. Diese tauscht die Datensau häufig mit anderen Datensäuen. Wird gerne in magentafarbenen Umgebungen heimisch. Auch an Bahngleisen zu finden.

Leider nicht selten und durch stetigen Nachwuchs auch nicht vom Aussterben bedroht.

Typische Sätze: »Lassen Sie uns ein Mailing dazu machen. Ich kenne einen Kumpel, der mir den Verteiler dafür liefern kann.«

3. **Evangelist, langschwänziger**: Üppig hinterkopfbehaarter Schnellkommunikator aus der Gattung der Graurücken. Dieses knorrige Geschöpf hat im Gegensatz zu allen anderen Urwaldbewohnern kein Interesse an Nahrung, sondern ausschließlich am Seelenheil. Und zwar an dem des Kunden.

   Das Seelenheil seines Gegenübers versucht er zu retten, indem er dem Kunden diejenige Technologie, dasjenige Produkt oder zumindest diejenige Weltsicht nachdrücklich und ausführlich erläutert, für die sich das Gegenüber ohnehin bereits entschieden hat. Ein Evangelist wird also dem Kunden, der sich für einen Onlineshop interessiert, nachdrücklich die Vorteile von Electronic Commerce erklären.

   Typischer Satz: »Sie müssen doch einsehen, dass ...«

   Der Evangelist ist vom Aussterben bedroht. Überlebt nur durch Mitleid oder durch die Begegnung mit einem symbiotischen Partner auf Kundenseite – dem Überzeugungstäter.

4. **Hochnase, die:** Ist das klügste Tier im gesamten Zoo. Weiß nicht nur alles, sondern auch noch

alles besser. Hat darüber hinaus die al-ler-bes-ten Beziehungen zum ➙ Ciioh. Von diesen beiden Tatsachen ist die Hochnase so überzeugt, dass sie es allen mitteilt, die es hören wollen. Allen anderen auch. Einziger Schönheitsfehler: Meistens stimmt weder das eine noch das andere.

Typische Sätze: »Wie ich dem Chef schon neulich gesagt habe ...« – »Schon in meiner Vorlage an den Aufsichtsrat habe ich in Bezug auf die globale Unternehmensstrategie vorgeschlagen, dass ...«[50] Mutiert bei ausreichender Protektion zum

5. **Lippenhänger, der:** Juniorkontakter aus der Familie der Blutegel. Hängt sich an die Lippen der Kunden und tritt kommunikativ ausschließlich durch Nicken des Kopfes in Erscheinung. Intelligentere Exemplare sind sprachbegabt und können einfache Sätze nachplappern. Überlebt vor allem in Kundengebieten, in denen mutierte ➙ Marketingpfaue siedeln. Ansonsten als Teil evolutionärer Prozesse ungeeignet, weil ohne Konkurrenzinteresse. Paart sich nur mit der ➙ Stummkauerhenne, sofern wenigstens einer von beiden einen zielgerichteten Satz von sich gibt.

---

[50] Solche Formulierungen benutzt die Hochnase unabhängig vom Thema – selbst, wenn es um die Sorte des für die Bürokantine einzukaufenden Senfs geht.

Typische Sätze: »Das sehe ich auch so.« – »Das werden wir genau so machen.«

6. **Marketingpfau, der:** Man erkennt ihn an seinem balzend gesträubten Gefieder und dem stets weit geöffneten Mund. Findet alles wunderbar, innovativ und richtungsweisend – vor allem sich und sein Herrchen. Stürzt sich ohne zu zögern auf sein Opfer und versucht, es totzureden. Kommunikationsversuche des Opfers erstickt er durch noch mehr Worte, bis sich dieses durch Flucht seinen Annäherungsversuchen entzieht.
   Typische Sätze gibt es beim Marketingpfau nicht. Er verwendet einfach alle in der jeweiligen Sprache bildbaren. Lieblingswörter sind »innovativ«, »richtungsweisend«, »proaktiv«, »zielführend«, »effizient« sowie alle Floskeln und Superlative.

7. **Netz-Spinne, die:** Kommunikationsjunkie mit digitaler Überfunktion und Social-Network-Diarrhö. Verfügt über jeweils eine mindestens vierstellige Zahl von Kontakten auf Xing, LinkedIn, Plaxo und Facebook und followed einer fünfstelligen Zahl von Twitter-Accounts. Lieblingssätze: »Das habe ich heute schon getwittert«, »in dem Facebook-Profil habe ich gesehen ...«, »In der Xing-Gruppe stand ...« Für die Netz-Spinne ist nicht das Ding an sich relevant, sondern die Tatsache, ob es schon online stand. Insoweit ist sie

genügsam und in Unternehmenshierarchien beliebt, weil sie alles, außer dem digitalen Ruhm, gerne anderen überlässt.

Typischer Satz: »Wir sollten das, was wir im Unternehmensblog twittern, unbedingt auch noch auf Facebook einstellen.«

8. **Präsentationsanbeter, der:** Die vorderen Extremitäten dieser Rasse sind – wohl aus Gründen der Symbiose – mit einem Notebook verwachsen. Er präsentiert seine Präsentation, egal ob es stürmt, schneit oder der Kunde einschläft.
Typischer Satz: »Lassen Sie mich schnell noch die anderen fünfzig Folien ...« Der Präsentationsanbeter ist leicht zu verwechseln mit dem

9. **Stummkauerhenne, die:** Ist nie alleine anzutreffen. Wird oft zusammen mit dem Marketingpfau gesehen. Erkennbar am farbenfrohen Balzkleid und der zumeist auffälligen Präsentation der sekundären Geschlechtsmerkmale. Offenbar partiell stumm, die Kommunikation gegenüber Dritten erschöpft sich im Überreichen der Visitenkarte (»Junior-...«, »Assistent-...« und dem Getränkeritual (»Ein Wasser bitte«).
Typischer Satz: »...«

10. **Unternehmens-Nerd, der:** Verhält sich normalerweise ähnlich wie die Stummkauerhenne und ist

in der Regel zusammen mit dem Marketingpfau unterwegs. Nach dessen aufmunternden Gesten entwickelt er allerdings das gleiche Verhalten wie der Präsentationsanbeter. Im Gegensatz zu diesem ist der Unternehmens-Nerd allerdings nicht in PowerPoint verliebt, sondern in das aktuelle Produkt des Unternehmens – je digitaler, umso größer ist seine Liebe. Dieses Produkt kennt er bis zum letzten Bit der Systemsoftware auswendig.

Typischer Satz: »Lassen Sie mich Ihnen kurz noch etwas zeigen ...« Das Problem des Unternehmens-Nerds: Er will seine Liebe zu dem Produkt allen anderen Menschen vermitteln, indem er dessen tatsächliche und vermeintliche Vorzüge wortreich schildert, wobei er glasige Augen beim Gegenüber hartnäckig übersieht. Besonders umweltresistente Exemplare ignorieren selbst, wenn die Zielperson den Raum verlässt.[51] Überlebt der Unternehmens-Nerd sämtliche Unternehmensumstrukturierungen und Produktstrategieanpassungen, entwickelt er sich zum

---

[51] Dies ist auf Konferenzen und Kongressen oft zu beobachten. Offensichtlich sind solche Veranstaltungen der Umweltresistenz den Unternehmens-Nerds zuträglich. Das würde erklären, warum der Nerd-Anteil unter den Vortragenden von Fachkonferenzen so extrem hoch ist.

Manager: Nimm einen Pfau und schmeiß den Vogel weg

»Man sollte sie alle an die Wand klatschen!« Eigentlich ist mein Freund Hotte ein ganz verträglicher Mensch. Nur wenn er von dem Unternehmen erzählt, in dem er arbeitet, bekommt er diesen gereizten Unterton, den ich normalerweise nur von pubertierenden Sprösslingen kenne – oder von Angestellten auf Schussfahrt zum Herzinfarkt. Seit seinem Studium arbeitet er bei Aerolatus – wie er mir normalerweise ebenso häufig wie wortreich und stolz berichtet, europäischer Marktführer für Seitenwindvergaser. Dort macht er irgendwas mit Internet und Marketing – wenn er sich nicht gerade über seine Chefs aufregt.

Ich kann da nicht mitreden: Mit dem einzigen Chef, den ich kenne, bin ich verheiratet und würde es im Traum nicht wagen, über ihn – bzw. sie – auch nur den leisesten Ton von Kritik zu äußern. Denn erstens kann Hotte seine Klappe nicht halten, zweitens ist er mit der besten Freundin meiner Chefin verheiratet, und drittens bin ich nicht lebensmüde und möchte auch nicht das Sofa im Wohnzimmer näher kennenlernen. Vor allem nicht nach 23 Uhr.

»Wen willst du an die Wand klatschen? Und warum?«, will ich wissen. Erleichtert darüber, dass er ein williges Opfer für seinen Frust gefunden hat, pilgert er zu meinem Kühlschrank, greift sich das vorletzte Bier und setzt sich an den Küchentisch, um

mir eine seiner langen und komplizierten Bürogeschichten erzählen zu können.

Seufzend setze ich mich zu ihm, während ich mir
sicherheitshalber das allerletzte Bier öffne und still
und leise von einem gemütlichen Abend zu viert –
nur ich, meine Frau, ein Fernsehgerät und jede Menge
Kartoffelchips – Abschied nehme. Aber Freundschaft
ist Freundschaft. Ich opfere Frau und Fernsehgerät
und rette lediglich die Kartoffelchips in die Küche.
Wie gesagt: Hottes Bürogeschichten sind lang und
kompliziert, da benötigt selbst ein athletischer Körper wie der meine zusätzliche Nahrung.

»Es geht um unsere Social-Media-Initiative«, er-
öffnet mir Hotte. »Genauer gesagt: um unsere Twit-
ter-Kampagne.« Wie jedermann, der von neuen Technologien nicht wirklich eine Ahnung hat, ist Hotte
(und mit ihm die gesamte Abteilung Internet-Marketing der Aerolatus AG) auf den neuesten Zug auf-
gesprungen, den seine Agentur in den Konferenz-
raum gefahren hat. Und der heißt nun mal Twitter.
Belanglosigkeiten in 140 Zeichen – selbst unsere
Bundeskanzlerin braucht zum Nichtssagen mehr.
Aber ein europäischer Marktführer für Seitenwindvergaser darf sich innovativen, richtungsweisenden
und sinnstiftenden neuen Entwicklungen nicht ver-
schließen, hat die Agentur gesagt. Und bei Hotte,
seines Zeichens Chef (und neben seinem Praktikan-
ten einziger Mitarbeiter) der Abteilung Internet-Marketing ist dieses Argument natürlich auf fruchtbaren

Boden gefallen. Denn erstens sei eine solche Social-Media-Initiative gar nicht so teuer (hat die Agentur gesagt), und zweitens ist es ja sowieso nicht Hottes Geld.

»Und was ist jetzt mit eurer Social-Media-Kampagne?«, frage ich geduldig nach. Manchmal muss man Hotte wieder zurück auf die Spur bringen, sonst vergisst er, welche Geschichte er mir eigentlich erzählen wollte. Und dann dauert der Abend leider doch länger, als das Bier reicht.

Während ich anfange, die Ausdrucke zu lesen, wandert Hotte zum Weinregal, erklärt meine lange Jahre gehütete Flasche Tokajer für trinkbar und setzt sich mit offener Weinflasche, vollem Glas und siegessicherem Lächeln mir wieder gegenüber, um mir beim Lesen zuzusehen.

Montag, 3. Dezember, 09.30 Uhr
Von: Internet-Marketing
An: Marketing
Betreff: Erster Tweet

Bezugnehmend auf unsere Besprechung am letzten Montag schicke ich Dir den ersten Tweet zur Freigabe, damit wir ihn rechtzeitig online stellen können. Die Word-Datei mit dem Text findest Du in der Anlage.
Grüße!
H.

Montag, 3. Dezember, 10.52 Uhr
Von: Marketing
An: PR
Betreff: WE: Erster Tweet

Hallo, Ilse,
das Internet-Marketing möchte gerne twittern und hat
mir den ersten Tweet zur Freigabe geschickt. Kannst Du
da textlich mal draufschauen?
Danke!
Frank

PS: Word-Datei anbei

-- --

Montag, 3. Dezember, 11.18 Uhr
Von: Unternehmenskommunikation Aerolatus AG
An: Pressebüro Tanja & Anja
Betreff: WE: WE: Erster Tweet

Hallo, Tanja,
wie bei unserer Telefonkonferenz besprochen, benötigen
wir zeitnah eine textliche Überarbeitung.
Danach können wir ja mal wieder gemeinsam mittagessen
gehen. Bei uns um die Ecke hat ein schnuckeliger Italiener
aufgemacht.
Liebe Grüße
Ilse

-- --

Dienstag, 4. Dezember, 15.32 Uhr
Von: Pressebüro Tanja & Anja
An: Unternehmenskommunikation Aerolatus AG
Betreff: Re: WE: WE: Erster Tweet

Hallo, Ilse,
sorry, dass Du erst jetzt den Text bekommst. Ich habe aus
dem Briefing nicht entnehmen können, dass die Sache so
eilig ist. Ich habe nach dem Brainstorming mit unseren
Textern den Text gleich in die Korrektur gegeben. Weil Du ja
gesagt hattest, dass er kurz sein soll, haben wir ihn auf drei
Druckseiten eingedampft. Textdatei und Rechnung anbei.
Liebe Grüße
Tanja

PS: Morgen Mittag beim Italiener?

Mittwoch, 5. Dezember, 11.23 Uhr
Von: Unternehmenskommunikation Aerolatus AG
An: Marketing
Betreff: WE: Re: WE: WE: Erster Tweet
Hallo, Frank,
anbei der Text. Nachdem unser Internet-Mensch so
drängelt, habe ich den Text von unserer PR-Agentur heute
Morgen als Erstes nochmal gelesen. Aus meiner Sicht
ist er jetzt in Ordnung.
Ilse

Anlage: PDF mit vier Druckseiten

Mittwoch, 5. Dezember, 15.03 Uhr
Von: Marketing
An: Internet-Marketing
Betreff: WE: WE: Re: WE: WE: Erster Tweet

Hallo, Hotte,
hier jetzt der freigegebene Text. Ich habe nur noch einige
Kernmarketingaussagen ergänzt. Du kannst ihn jetzt
online stellen.
Frank

Anlage: PDF mit sechs Druckseiten

———————————————————————————

Mittwoch, 5. Dezember, 15.09 Uhr
Von: Internet-Marketing
An: Marketing
Betreff: Re: WE: WE: Re: WE: WE: Erster Tweet

Hallo, Frank,
danke für den Text. Aber was soll ich mit ihm machen?
Ein Tweet hat nur 140 Zeichen!!!
Hotte

PS: Langsam eilt es!

———————————————————————————

Mittwoch, 5. Dezember, 15.11 Uhr
Von: Marketing
An: PR
Betreff: WE: Re: WE: WE: Re: WE: WE: Erster Tweet

Hallo, Ilse,
kannst Du das erledigen?
Danke!
Frank

> Hallo, Frank,
> danke für den Text. Aber was soll ich mit ihm machen?
Ein Tweet hat nur 140 Zeichen!!!

--- ---

Mittwoch, 5. Dezember, 16.42 Uhr
Von: Unternehmenskommunikation Aerolatus AG
An: Pressebüro Tanja & Anja
Betreff: WE: WE: Re: WE: WE: Re: WE: WE: Erster Tweet

Hallo, Tanja,
Du musst nochmal in den Text rein, mein Chef will das.
Kann man die sechs Seiten irgendwie auf die angeforderte
Länge kürzen?
Ilse

> Kannst Du das erledigen?
> Danke!
> Frank
>

>> Hallo, Frank,
>> danke für den Text. Aber was soll ich mit ihm machen?
Ein Tweet hat nur 140 Zeichen!!!

--- --- --- --- --- --- --- --- --- --- --- --- --- --- --- --- --- ---

Mittwoch, 5. Dezember, 21.49 Uhr
Von: Pressebüro Tanja & Anja
An: Unternehmenskommunikation Aerolatus AG
Betreff: Re: WE: WE: Re: WE: WE: Re: WE: WE: Erster Tweet

Hallo, Ilse,
ich habe alle meine Texter mobilisiert, damit wir den
fertigen Text möglichst sinnwahrend kürzen konnten.
Word-Datei sowie erweiterte Rechnung anbei.
Liebe Grüße
Tanja

PS: Morgen Mittag wieder bei dem Italiener? Ich rufe Dich an.

--- --- --- --- --- --- --- --- --- --- --- --- --- --- --- --- --- ---

Donnerstag, 6. Dezember, 9.31 Uhr
Von: Unternehmenskommunikation Aerolatus AG
An: Marketing
Betreff: Re: WE: WE: Re: WE: WE: Re: WE: WE: Erster Tweet

Hallo, Frank,
anbei der redigierte Text als Word-Datei.
Ilse

--- --- --- --- --- --- --- --- --- --- --- --- --- --- --- --- --- ---

Donnerstag, 6. Dezember, 9.34 Uhr
Von: Marketing
An: Internet-Marketing
Betreff: Re: WE: WE: Re: WE: WE: Re: WE: WE:
Erster Tweet

Hallo, Hotte,
ich habe jetzt einen korrigierten Text. Der Vorstand will
aber nochmal drüberschauen. Immerhin ist das ein neuer
Kommunikationskanal. Wir sollten das heute aber im
Laufe des Tages eingetütet bekommen.
Frank

PS: Ilse hat mir einen neuen Italiener empfohlen.
Lass uns da doch morgen Mittag mal essen gehen.

Donnerstag, 6. Dezember, 9.38 Uhr
Von: Marketing
An: Vorstand
Betreff: Freigabe Tweet

Sehr geehrter Herr Dr. Vogler,
im Zuge der neuen Social-Media-Strategie unseres
Unternehmens und als direkte Konsequenz unseres
Workshops vom letzten Mai, hat die Abteilung
Internet-Marketing einen Twitter-Account zugelegt
und wird ab sofort twittern. Ich habe Ihnen den ersten

Tweet (siehe Word-Dokument) zur Freigabe geschickt.
Mit der PR ist die Aktion abgestimmt.
Mit freundlichen Grüßen
Frank-Werner Schneider
Marketingleitung Aerolatus AG

Donnerstag, 6. Dezember, 14.44 Uhr
Von: Internet-Marketing
An: Marketing
Betreff: Re: Re: WE: WE: Re: WE: WE: Re: WE: WE:
Erster Tweet

Hallo, Frank,
hast Du schon ein Feedback aus dem Vorstand?
H.

Donnerstag, 6. Dezember, 15.14 Uhr
Von: Marketing
An: Internet-Marketing
Betreff: Re: Re: Re: WE: WE: Re: WE: WE: Re: WE: WE:
Erster Tweet

Hallo, Hotte,
die sitzen seit Mittag im Meeting. Ich melde mich, wenn
ich die Freigabe habe.
Frank

Donnerstag, 6. Dezember, 18.21 Uhr
Von: Internet-Marketing
An: Marketing
Betreff: Re: Re: Re: Re: WE: WE: Re: WE: WE: Re: WE: WE:
Erster Tweet

Hallo, Frank,
ich mache jetzt Feierabend, rufe aber meine Mail mobil ab.
Wenn die Freigabe kommt, kann ich auch von zu Hause
aus den Tweet losschicken.
H.

— —

Donnerstag, 6. Dezember, 21.17 Uhr
Von: Vorstand
An: Marketing
Betreff: Re: Freigabe Tweet

Wer oder was ist „Twitter"?
Vogler

— —

Donnerstag, 6. Dezember, 21.18 Uhr
Von: Marketing
An: Internet-Marketing
Betreff: WE: Re: Freigabe Tweet

Hallo, Hotte,
habe jetzt eine Reaktion vom Vorstand. Er hat aber noch
eine Frage, die ich ihm auch nicht beantworten kann. Gibt
es ein Whitepaper, das Du mir schicken kannst?
Frank

> Wer oder was ist „Twitter"?
> Vogler

Donnerstag, 6. Dezember, 21.22 Uhr
Von: Internet-Marketing
An: Marketing
Betreff: Re: WE: Re: Freigabe Tweet

Twitter ist ein microblogging-dienst, der für millionen
web-affine nutzer ein wichtiges kommunikationstool ist.
Unser unternehmen soll und will da kommunikativ
präsent sein.
H.

Gesendet über Mobil-Client

Donnerstag, 6. Dezember, 21.36 Uhr
Von: Marketing
An: Vorstand
Betreff: Freigabe Tweet

Sehr geehrter Herr Dr. Vogler,
Twitter ist ein Microblogging anbietender Dienst, der für
Millionen unserer Kunden bereits heute ein wichtiges
Kommunikationstool ist. Unser Unternehmen soll und will
da kommunikativ präsent sein. Im Zuge der neuen Social-
Media-Strategie unseres Unternehmens und als direkte
Konsequenz unseres Workshops vom letzten Mai, hat die
Abteilung Internet-Marketing einen Twitter-Account angelegt
und wird als Pilot ab sofort twittern. Ich habe Ihnen den
ersten Tweet (siehe Word-Dokument) zur Freigabe geschickt.
Mit freundlichen Grüßen
Frank-Werner Schneider
Marketingleitung Aerolatus AG

— —

Montag, 10. Dezember, 7.12 Uhr
Von: Vorstand
An: Marketing
Betreff: Re: Freigabe Tweet

Kann mir mal jemand erklären, warum der Text dieses
„Tweets" im Wording nicht unserem Corporate-Design-
Handbuch entspricht?
Das muss noch geändert werden!
Vogler

— —

Montag, 10. Dezember, 9.04 Uhr
Von: Marketing
An: Internet-Marketing
Betreff: WE: Re: Freigabe Tweet

Hotte!
Bitte umgehend um Aufklärung und/oder Behebung des
CD-Verstoßes.
Frank

--- ---

Montag, 10. Dezember, 9.06 Uhr
Von: Internet-Marketing
An: Marketing
Betreff: Re: WE: Re: Freigabe Tweet

Kein verstoß, sondern absicht. Kleinschrift ist auf
twitter eine normale schreibweise, die aus der
sms-tradition heraus entstanden ist. Sieht authentischer
aus!
Hotte

Gesendet über Mobil-Client

--- ---

Montag, 10. Dezember, 10.11 Uhr
Von: Marketing
An: Vorstand
Betreff: Re: Re: Freigabe Tweet

Sehr geehrter Herr Dr. Vogler,
nach Rücksprache mit unseren Internet-Experten kann
ich Ihnen mitteilen, dass die gewählte Schreibweise
derjenigen entspricht, die die Zielgruppe auf dem
Zielmedium verwendet. Insoweit passen wir uns dem
Markt an.
Wir empfehlen darum dringend eine entsprechende
Modifikation des CD-Handbuchs. Einen entsprechenden
Vorstoß werden wir darum in enger Zusammenarbeit
mit den Fachabteilungen entwickeln.
In der Zwischenzeit ist es wohl sinnvoll, die vorgeschla-
gene Schreibweise beizubehalten.
Mit freundlichen Grüßen
Frank-Werner Schneider
Marketingleitung Aerolatus AG

— —

Montag, 10. Dezember, 13.44 Uhr
Von: Vorstand
An: Marketing
Betreff: Re: Re: Re: Freigabe Tweet

Mir ist es – um es deutlich zu sagen – scheißegal, was die
Freaks im Internet meinen. Als europäischer Marktführer
haben wir eine Verantwortung, den Kern unserer Marke

auch in neuen Medien zu kommunizieren. Also sorgen
Sie dafür, dass der Tweet entsprechend geändert wird.
Grüße
Vogler

Übrigens: Hat die Rechtsabteilung ihren Segen erteilt?

— —

Montag, 10. Dezember, 14.01 Uhr
Von: Marketing
An: Rechtsabteilung
Betreff: Juristische Freigabe Tweet

Sehr geehrter Herr Dr. Mang,
im Zuge der neuen Social-Media-Strategie unseres
Unternehmens und als direkte Konsequenz unseres
Workshops vom letzten Mai, hat die Abteilung Internet-
Marketing einen Twitter-Account angelegt und wird
ab sofort twittern.
Dr. Vogler hätte gerne die juristische Freigabe des
ersten Tweets (siehe Word-Dokument). Können wir
zeitnah telefonieren?
Mit freundlichen Grüßen
Frank-Werner Schneider
Marketingleitung Aerolatus AG

— —

Dienstag, 11. Dezember, 11.48 Uhr
Von: Marketing
An: Vorstand
Betreff: Juristische Freigabe Tweet

Sehr geehrter Herr Dr. Vogler,
nach der Telefonkonferenz heute Morgen hat unsere Rechtsab-
teilung mir nun die telefonische Freigabe des Tweets erteilt.
Das schriftliche Gutachten sollte im Lauf der Woche folgen. Aus
meiner Sicht steht einer Freigabe nun nichts mehr im Wege.
Ich habe die Abteilung Internet-Marketing aufgefordert,
die Schreibweise unserem Corporate Design
(Groß-/Kleinschreibung) anzupassen.
Mit freundlichen Grüßen
Frank-Werner Schneider
Marketingleitung Aerolatus AG

— —

Mittwoch, 12. Dezember, 7.04 Uhr
Von: Vorstand
An: Marketing
Betreff: Re: Freigabe Tweet

Der Text ist hiermit freigegeben. Das mit dem „Twitter"
müssen Sie mir mal erzählen. Vielleicht am besten mal
bei einem gemeinsamen Mittagessen. Die Dame, mit der
ich am Freitag golfen war, hat mir von einem Italiener
vorgeschwärmt, der ganz in der Nähe ist.
Grüße
Vogler

— —

Donnerstag, 13. Dezember, 11.46 Uhr
Von: Internet-Marketing
An: Marketing, PR
Betreff: Re: Re: Re: Re: Re: WE: WE: Re: WE: WE: Re: WE: WE: Erster Tweet

Unser erster Tweet in Twitter ist soeben veröffentlicht worden und ist nun global einsehbar. Ich habe einen Screenshot angehängt. Im Intranet habe ich wie verlangt inzwischen eine Liste aller Tweets der kommenden Woche veröffentlicht. Das sollte den Freigabeprozess in Zukunft beschleunigen.
Danke an alle Beteiligten.
H.

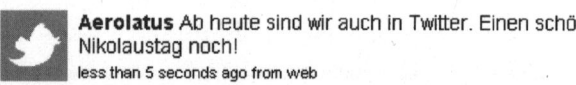

Aerolatus Ab heute sind wir auch in Twitter. Einen schönen Nikolaustag noch!
less than 5 seconds ago from web

Ich will ihn in seinem wohlverdienten Erschöpfungsschlaf nicht stören. Deswegen lege ich geräuschlos die Ausdrucke zurück in Hottes Hände, der seinen Kopf zwischen die drei leeren Weinflaschen gelegt hat und tief schläft.

Vielleicht sollte ich ja auch eine Social-Media-Initiative starten. So ganz persönlich für mich. Einen Text für den ersten Tweet hätte ich schon. Ich muss nur noch meinen Chef fragen.

Kollegen: Wenn Schlangen lernen,
auf zwei Beinen zu laufen

Wenn ich meinem Freund Hotte glauben darf, dann sind
Kollegen etwas, was in Gottes Tiergarten irgendwo zwischen einer Darmspiegelung, der zahnärztlichen Wur-
zelbehandlung und einem Nacktmull angesiedelt ist: Sie
sind ebenso unumgänglich wie nötig und widerlich.

Diese (nicht nur von der modernen Arbeitspsycho-
logie und den Gewerkschaften stark angreifbare) These
hat er zumindest bei unserem letzten Männerabend[52]
vertreten. Wir haben daraufhin im Laufe des Abends
eine Reihe von Methoden entwickelt, dem wachsenden
Kollegen-Unwesen rigorosen Einhalt zu gebieten.

Während seine Vorschläge sich meistens rund um
das Thema Massenvernichtungsmittel und minder-
schweren Vollzug von Völkermord drehten, war mir –
wohl nicht zuletzt aufgrund übermäßiger Flüssig-
keitsaufnahme – eher albern zumute. Meine selbst
in dieser Runde[53] nicht mehrheitsfähigen Vorschläge

---

[52] Meine liebste Ehefrau ist ja der festen Überzeugung, wir sollten
diesen Event umtaufen in »Bierabend« – weil die Zahl der anwesen-
den Bierflaschen (20) die Zahl der anwesenden Männer um das
Zehnfache übersteigt. Alternativ »Flaschenabend« – weil sonst nichts
anwesend sei. Ich ignoriere beide Einwürfe. Natürlich mannhaft.
[53] Ich weiß: Mit zwei Punkten ist ein Kreis nicht sonderlich rund.
Aber ich überlege mir immer noch, wie man eine Gruppe von zwei
Menschen bezeichnet: Drei Menschen können ja ein Dreieck bilden.
Aber aus irgendwelchen unerfindlichen sprachlich-mathematischen
Gründen existiert kein Zweieck.

schwankten[54] zwischen »Hundertprozentige Arbeits-
losenquote bei vollem Lohnausgleich« und der Frage:
»Was ist das: 50 Kollegen, bis zum Hals in Sand ein-
gegraben?« Die Antwort: »Ein guter Anfang«, fan-
den wir dann doch beide recht komisch.

»Was ist denn eigentlich an deinen Kollegen so ner-
vig?«, wollte ich einige wenige Biere später wissen.
Schließlich muss man ja hin und wieder seine Vorurteile durch die einen oder anderen Fakten unterfüttern.

»Willst du eine Liste, oder was?«, konterte Hotte.

Weil ich das Konzept rhetorischer Fragen bis heute
nicht richtig verstanden habe, nickte ich: »Ja, das
würde mir helfen.«

Und so entstand in dieser romantisch-männerkum-
pelnden Nacht, zwischen Mitternachtsläuten und
»Hotte, gehst du freiwillig, oder soll ich dir ein Taxi
rufen?«[55], die weltverändernde

Hottes Liste der nervigsten Kollegentypen

1. **Nebelwerfer:** Überziehen ein ganzes Großraum-
   büro mit einer penetranten Duftwolke aus Parfüm oder Rasierwasser.

---

[54] Ich bestehe darauf, dass es einzig meine Vorschläge waren, die
schwankten. Etwaige auf YouTube kursierende Videos sind nur gestellt.
Hören Sie: Wem glauben Sie mehr: der digitalen Realität oder mir?
[55] Meine Frau steht morgens deutlich früher auf als ich.

2. **Selbstverleugner:** Erhalten ständig private Anrufe auf dem Firmenapparat und lassen ahnungslose Kollegen rangehen, weil sie grad mal wieder nicht am Platz sind.

3. **Tassenschweine:** Stellen schmutzige Kaffeetassen in den Teeküchenschrank zurück.

4. **Musiker:** Geben heimtückisch am frühen Morgen hartnäckige Ohrwürmer zum Besten.

5. **Druckertreiber:** Weil sie für den Privatgebrauch das gesamte Internet oder die vierfarbige Einladungen zum Kindergeburtstag des Sprösslings ausdrucken, blockieren sie den Abteilungsdrucker stundenlang.

6. **Kaffee-Egomanen:** Nehmen die letzte Tasse Kaffee aus der Kanne, ohne neuen aufzusetzen.

7. **Schmutzfinken:** Stellen ihr schmutziges Geschirr ins Waschbecken statt in die Geschirrspülmaschine.

8. **Tastaturtrommler:** Schießen hektisch-lautes Terror-Trommel-Dauerfeuer auf der PC-Tastatur ab.

9. **Linoleumtrommlerinnen:** Tun dies mit ihren hochhackigen Schuhen auf dem Bürogang.

10. **Barfußmönche und -nonnen:** Laufen barfuß im Büro herum.[56]

---

[56] Hotte und ich waren uns einig, dass es bei dieser Regel Nachlasspunkte gibt, die an Alter und Geschlecht des Fußbesitzers festgemacht werden können.

11. **Windows-Krieger:** Kämpfen im ewigen »Fenster auf, Fenster zu«-Streit.

12. **»Mein Kind ist so süß«-Nerver:** Produzieren Baby-Screensaver, hängen Kleinkinderzeichnungen an die Bürowände, dekorieren Schreibtische mit Kindergartenbasteleien, geben monothematische Erzählungen zum Thema Kind zum Besten und nötigen ihre Kollegen zum andächtigen Bewundern der Babyfotoausdrucke.

13. **Rumnöler:** Finden aus Prinzip alles scheiße. Und wären am liebsten schon morgen weg. Schade, dass sie diesen Vorsatz nur selten in die Tat umsetzen.

14. **Nervspruchbeutel:** Stanzen Worthülsen wie »Da steckt man nicht drin«, »Ganz Deutschland ist ein Irrenhaus, und hier ist die Zentrale«, »Märchensteuer« oder (besonders abstoßend) »Satz mit X, das war wohl nix«.

15. **Knoblauch-Kaugummi-Esser:** Versuchen den Knoblauchgeruch mit Pfefferminze zu vertuschen und erzeugen dadurch eine Geruchskombi, die selbst Nasenlose in die Kündigung treibt.

16. **Milch-für-den-Kaffee-Schnorrer:** Lieblingssatz: »Darf ich ein ganz kleines bisschen?«

17. **Heulbojen:** Führen lautstark private Telefongespräche, in denen es um die Art und Intensität ihrer Beziehung geht.

18. **Lebensmittelimporteure:** Einschlepper von Döner, Currywurst und Mettbrötchen, zum ge-

räusch- und geruchsintensiven Verzehr in Kolle-gennähe.

19. **Kantinenessen-Miesmacher:** Auch wenn kein Vier-Sterne-Koch am Werk ist, aber deswegen muss man ja nicht noch den anderen den Appetit ver-derben.

20. **Großraum-Disco-Beschaller:** Die Musikgeschmä-cker sind verschieden. Nicht jeder steht auf Mo-dern Talking oder auf Death Metal.

21. **E-Mail-Fetischisten:** Drehen sich – während man mit ihnen spricht – zum Monitor, um ihre Mails zu lesen.

22. **Vogelfreunde:** Sorgen überall für Brötchenkrümel in der Tastatur. Von den Ansammlungen könnte man eine ganze Vogelkolonie ernähren!

23. **Büro-Punker:** Täuschen mit der Frage: »Kann je-mand 100 Euro wechseln, damit ich die fünf Euro zahlen kann?« vor, der Betreffende leide ja keine Not und man würde die verliehenen fünf Euro schon zurückbekommen.

24. **Post-it-Beamte:** Bekleben den Schreibtisch und Umgebung mit unzähligen Post-its, so dass kein Mensch (inklusive sie selbst) mehr durchblickt.

25. **Häufchen-Leger:** Wer Akten und Dokumente in unsortierten Kleinsteinheiten im gesamten Büro verteilt, sollte gezwungen werden, die Altpapier-tonne leerzuessen.

26. **Büro-Messies:** Sammeln unterm Schreibtisch leere Flaschen und stapeln tonnenweise Papier,

weil sie jede E-Mail zum Lesen auch nochmal ausdrucken müssen.

27. **Naturfanatiker:** Reißen auch bei Minusgraden alle Fenster auf und sträuben sich selbst in der Dämmerung gegen künstliches Licht.

28. **Büro-Tussis:** Wollen mit Mega-Ausschnitt und Minirock beim Chef Eindruck machen.

29. **Pilzzüchter:** Hinterlassen vergammelte Essens-reste und ausgelaufene Verpackungen im Büro-kühlschrank.

30. **Keine-E-Mail-Leser:** Verbummeln generell jedes Dokument, das sie online erhalten.

31. **Lustige Webseiten-Weiterleiter:** Ein Tag ohne You-Tube-Video, Flash-Animation oder schlüpfrige Witzsammlung – uns würde doch etwas fehlen.

32. **Grippale:** Sorgen mit Husten- und Keuch-Atta-cken zwei Tage vor Abgabetermin für die Präsen-tation dafür, dass allen klar ist, dass man die Ar-beit wohl allein durchziehen muss.

33. **Schnorrer:** Betteln regelmäßig um Kaugummi oder ein Bonbon, haben aber nie selbst etwas dabei.

34. **Kommas:** Kommen nie zum Punkt, wenn man auf eine ganz konkrete Frage eine kurze und konkrete Antwort haben will. Motto: »Das kommt ganz drauf an ...«

35. **Hintergrundgeräusche:** Tuscheln hinter einem mit dem Nachbarn, wenn man in der Konferenz eigentlich was mitbekommen will.

36. **Romeos & Julias:** Knutschen am Kopierer, halten in der Kantine Händchen oder erzählen pausenlos von ihrem/ihrer Süßen, der/die ein Zimmer weiter sitzt.

37. **Spätpubertäre Fußballhelden,** die kickenderweise zwischen den Schreibtischen ihre Bundesligaqualitäten testen.

38. **Bayern-München-Fans,** die nach jedem Sieg der Mannschaft den gesamten Montag über kein anderes Thema haben als den Eckball in der 83. Minute.

39. **Falsche Helden:** Schleppen sich mit Grippe ins Büro, um den Chef zu beeindrucken und Viren zu verteilen.

40. **Ökopolizisten:** Nehmen pauschal alle Ausdrucke aus dem Drucker und schmeißen sie weg.

41. **Hyänen:** Feixen und frohlocken, wenn ein Kollege einen Fehler macht.

42. **Unterbrecher:** Lassen niemanden ausreden und können mangels Ohren auch nicht zuhören.

43. **Wichtigtuer:** Kommen zum Meeting schon aus Prinzip zehn Minuten zu spät.

44. **YouTube-Baller:** Sorgen als Gruppe für plötzliche Musik aus dem Monitor mit anschließendem Getuschel und Gekicher.

45. **Kantinen-Talker,** deren einziges Thema ist: »Was gibt es heute zu essen?« Bestreiten, dass es mehr im Leben gibt als Entscheidungen zwischen Schnitzel und Salat.

46. **Frogger-Prinzen:** Gegen Klingeltonterror von Crazy Frog und Schnappi hat der liebe Gott die Stummschaltung erfunden.
47. **Kugelschreiber-Klauer:** Fungieren als büroweiter Magnet von Kugelschreibern.
48. **Emosen:** Führen ständig lautstarke Beziehungsstreits am Diensttelefon. Was zumindest beruhigt: Aufgrund der Beziehungsunfähigkeit dieser Sorte Kollegen pflanzen sie sich wenigstens nicht fort.
49. **Kühlschrank-Klauer:** Sorgen für die Diät des Kollegen, indem sie ihm trotz Beschriftung den letzten Joghurt wegessen.
50. **Gerüchtestreuer:** Munkeln über Abwesende: »Ich will ja nichts sagen, aber ...«

25 Ausflüge ins kulinarische Armageddon

Dass Kantinenessen nicht längst Aufnahme ins Strafgesetzbuch gefunden hat – irgendwo zwischen den Paragraphen »Grober Unfug[57]« und »Körperverletzung[58]« –, ist meiner Meinung vor allem darauf

---

[57] Für die nächste Cocktailparty: Es ist nicht mehr Paragraph 360 StGB, sondern nunmehr Paragraph 118 OWiG (Ordnungswidrigkeitengesetz).

[58] Interessant erscheint mir, dass der Paragraph 223 StGB auch den Versuch der Körperverletzung unter Strafe stellt. Mein Rechtsempfinden sagt mir, dass damit auch die Gründung einer McDonald's-Filiale unter Strafe zu stellen ist.

zurückzuführen, dass (im Gegensatz zu normalen Unternehmen) in der Kantine des Bundesjustizministeriums darauf geachtet wird, dass die Angestellten vernünftige Nahrung angeboten bekommen. Vermutlich, weil sich dort speisende Abgeordnete sonst beschweren würden.

Vielleicht hätten die Beamten nämlich sogar einem Paragraphen 223 (3) das Leben geschenkt, der dann beispielsweise heißen würde: »Mit Freiheitsstrafe oder Geldbuße bestraft wird derjenige, der Currywurst herstellt oder in Verkehr bringt oder Menschen dadurch in Gefahr bringt, dass er zu ihrem Verzehr aufruft.«

Nun habe ich persönlich nichts gegen Currywurst. Man kann sie hervorragend dazu verwenden, Insekten vom Besuch eines Kuhstalls abzuhalten – wodurch man sich als Tierfreund erweist. Auch als Dämmmaterial sowie zum Kleben von Papier und Pappe eignet sich die Currywurst durchaus. Warum in Lammdarm gepresste, zermahlene und anschließend gehäckselte und mit klebriger Tomatensoße und Currypulver bestreute Schweineteile von irgendjemand gegessen werden sollten, entzieht sich allerdings meinem Verständnis. Aber das tut das Schlafen auf Nagelbetten oder das Anhören von deutscher Volksmusik ebenfalls, wobei zumindest die körperlichen Schäden bei Letzterem wissenschaftlich noch nicht endgültig nachgewiesen sind.

Doch die Liste angeblicher Essbarkeiten, die mein Wunschparagraphen 223 (3) umfassen würde, müsste ziemlich lang werden. Denn kulinarische Peinlichkeiten und lebensmitteltechnische Frechheiten breiten sich von Jahr zu Jahr weiter aus:

1. **Ketchup:** Farb- und Geschmackskleister, eine Art Globalisierungseffekt der Ernährung. Macht alles gleich: »Pommes mit Ketchup« schmeckt deswegen genauso (nach Ketchup) wie »Ananas mit Ketchup« (nach Ketchup), »Hühnchen mit Ketchup« (nach Ketchup) oder »Stinktier mit Ketchup« (nach Ketchup).
2. **Tütensuppen:** Bestehen aus farbigem Staub, den man nach Öffnen der Verpackung mit heißem Wasser übergießen muss. Schmeckt nur dann nicht schlecht, wenn man erst den farbigen Staub wegwirft und dann das heiße Wasser in die leere Verpackung gießt. Sonst hat man den Geschmack von schmutzigem heißem Wasser (mit Salz) im Mund.
3. **Toastbrot ohne Rand:** Gibt es in Frankreich zu kaufen und verbreitet sich in den letzten Jahren auch auf Mittelstreckenflügen bei Billig- und Nicht-ganz-so-billig-Airlines. Kein Nährwert, kein Geschmack, reine Trägermasse.
4. **Chips:** Der Antichrist in Knistertüten. Sorgt für zwanghaften Verzehr von stark gewürzten Pappscheiben, die die Geschmacksknospen und den Verdauungskanal verstopfen.

5. **Fertigpizza:** Pappteller, belegt mit fettigen Salamischeiben und Käseersatz. Die Folie, in der der geschmacksneutrale Frisbee eingeschweißt ist, besitzt für gewöhnlich mehr Geschmacksstoffe als der Inhalt.

6. **Halbes Hähnchen:** Jeder weiß, dass diese armen KZ-Hühnchen nur aus Elend, Gummi und Fertigwürzmischung bestehen. Die Eigner der Verkaufswagen, die irgendwo stehen und das ganze Viertel zur Mittagszeit mit Hähnchenduft fluten, besitzen ein einzelnes essbares Hähnchen vom Biobauern (unverkäuflich) zur Geruchsproduktion.

7. **Fertig mariniertes Fleisch aus dem Supermarkt:** Wenn Sie auf der Suche nach Fleisch mit abgelaufenem Haltbarkeitsdatum sind: Fündig werden sie bei den fertig marinierten Stücken – da werden graue Farbe und grüne Stellen locker durch die dunkle Marinade überdeckt. Und das Einzige, was seltsam riecht, ist die Marinade selbst.

8. **Geschnittener Gouda in einer Käseaufschnittpackung:** Besitzt exakt genauso viel Geschmack wie geschnittenes Brot aus der Supermarktkette: null.

9. **McDonald's und Burger King:** Genießbar sind hier Pommes frites (die bei unseren Kindern als einziges essbares Gemüse durchgehen) und Coca-Cola. Ansonsten bestehen die Burger aus wabbligen Brötchenhälften, deren einzige Aufgabe darin besteht, die Geschmacksknospen zu verkleben,

damit weder der Geschmack der tiefgefrorenen und wieder aufgetauten Hackfleisch-Badewannenstöpsel noch des Scheibletten-Plastikkäses noch des Billigketchups den Gaumen allzu tief durchdringen können. Der Unterschied der beiden Ketten ist, dass letztere ihren Müll zusätzlich an strategischen Stellen verbrennen lässt, um Grillen vorzutäuschen.

10. **Fertig-Salatsaucen:** Jedes Salatblatt, das etwas auf sich hält, schrumpelt ein, wenn es mit solchen Flüssigkeiten aus dem Lebensmittelchemielabor in Berührung kommt. Das natürlichste, was in diesen Produkten enthalten ist, ist der Industriezucker.

11. **IKEA-Kötbullar:** Wohnst du schon oder schraubst du noch? In den Tempeln des Möbel-Fastfoods werden etwa ein Zentimeter große Schrotkugeln aus Elchgeweih verkauft – zusammen mit einer schwedischen Art von weißem Holzleim, der zur Geschmacksverstärkung zuvor über leise vor sich hin kokelndem Rentierdung geschwenkt worden ist. Sehr empfehlenswert in der Küche, um den wackelnden Besteckschrank zu verankern: ein Tropfen weiße Soße und eine Kötbullar-Schrotkugel unter ein Schrankbein – und schon hält alles unverrückbar. Bitte Mund und andere Schleimhäute sofort mit klarem Wasser ausspülen, wenn sie mit dem Werkstoff in Berührung gekommen sind.

12. **Miracoli:** Die Holz-Mikadostäbchen mit dem grünen Anti-Rutschstaub sind hervorragend geeignet für feinmotorisch begabte Kinder zum Spielen. Trocken brechen die Mikadostäbchen schnell ab, nach Berührung mit kochendem Wetter haben sie dieses Problem nicht mehr – dann verleihen sie dem Adjektiv »bissfest« eine ganz neue, ziemlich eindeutige Bedeutung. Die mitgelieferte rote Stofffarbe ist waschmaschinenfest.

13. **Löslicher Kaffee:** Eunuchen-Sex. Wer den löslichen Kaffee in dem kochenden Wasser weglässt, der gewinnt an Geschmack und vermutlich auch an Koffein.

14. **Backofen-Pommes-frites:** In langen Testreihen hat die Lebensmittelindustrie zwei Sorten von Backofen-Pommes-frites herstellen können. Die einen werden nach dem Erhitzen trocken und ungenießbar, die anderen sind nach dem Erhitzen fettig und ungenießbar. Eine hervorragende Methode, überflüssige Kalorien unter Umgehung von Geschmack aufzunehmen.

15. **Red Bull:** Selbstverständlich ist es in diesem Land legal, harmlose Gummibärchen zu verflüssigen und in Blechdosen abzufüllen, um diese dann überteuert zu verkaufen. Allerdings sollte das nicht so sein. Schon allein aus Gründen eines ethischen Umgangs mit der Spezies der Gummibärchen. Vom Geschmack gar nicht zu reden. Wer Red Bull preiswerter herstellen will, der beiße

in ein Kilopaket Zucker und renne dann mit gesenktem Kopf gegen einen Kaffeeautomaten (vorher Geld einwerfen und auf die »Espresso«-Taste drücken).

16. **Ravioli aus der Dose:** Das einzig Bemerkenswerte an dieser Sorte von Produkten ist, dass die Republik Italien noch keinem Herstellerland deshalb den Krieg erklärt hat. Ravioli aus der Dose verhalten sich zu normalen Ravioli in etwa wie die Erektion eines 91-Jährigen zu der eines 19-Jährigen. Und zwar sowohl was die Konsistenz als auch was den Geschmack angeht.

17. **Industriell gefertigte Kräutermischungen im Plastiksäckchen:** Der Feenstaub der modernen Küche. Bewirkt rein gar nichts[59], außer einem Knirschen zwischen den Zähnen. Ach ja: Und die Verschmutzung des Gewürzregals, weil die Plastiksäckchen, in denen die Kräutermischungen verkauft werden, stets im dreiviertel gefüllten Zustand umfallen und sich bis auf einen nicht wahrnehmbaren Rest im gesamten Regal entleeren.

18. **Toast Hawaii:** Wer Kochschinken, Schmelzkäse und Ananas aus der Dose auf einer unschuldigen Toastscheibe zusammenbringt, dem ist auch das Vergewaltigen von Kanarienvögeln und das

---

[59] Oder glauben Sie an Feen?

Ausrauben von Bonbongläsern zuzutrauen. Wer das Ergebnis auch noch zu sich nimmt, sollte mit dem Entzug sämtlicher Geschmacksknospen bestraft werden. Aber vermutlich wäre das nach diesem Erlebnis eher eine Belohnung.

19. **Dreieckige Sandwiches von der Tankstelle:** Das illegitime Kind eines Cheeseburgers und eines Toast Haiwaii. Das einzig Genießbare an dem Ergebnis ist die Butter, mit der die Sandwichscheiben eingestrichen sind. Und die ist in der Regel ranzig.

20. **Sprühsahne:** Gut für Diabetiker. Denn wer den Sahneersatz, der wie aufgeschlagene Margarine schmeckt, einmal probiert hat, begeht diesen Fehler nie wieder.

21. **Holland-Tomaten:** Die Holländer standen irgendwann einmal vor der Entscheidung: Optimieren wir unsere Landwirtschaft auf Ertrag oder auf Qualität und Geschmack. Das kleine Land ist heute der Welt drittgrößter Exporteur von Lebensmitteln. Genauer gesagt: von Waren, die wie Lebensmittel aussehen. Deswegen gibt es heute Tomaten. Und Holland-Tomaten, deren einzige Eigenschaften ihre Größe, ihre Farbe und ihre Rundheit sind.

22. **Flugmangos, Kirschen im Dezember, Erdbeeren im Januar:** Flugmangos haben ihren Namen daher, dass sie am allerbesten aus jeder Küche fliegen sollten. Zusammen mit Dezemberkirschen

und Januarerdbeeren liegen sie geschmacklich in der Nähe von Holland-Tomaten, sollten also maximal als Buffetdekoration Verwendung finden. Bitte die Dekoration nicht aufessen!

23. **Eier von Batteriehühnern:** Kalk und Fleisch gewordene Holland-Tomaten. Entsprechen geschmacklich den bekannten Stopfeiern, sind aber nicht so lange haltbar – auch wenn bis heute nicht restlos erforscht ist, warum etwas, das zu mehr als 50 Prozent aus künstlichen Hormonen und Chemie besteht, überhaupt noch schlecht werden kann. Die Wissenschaft vermutet aber, dass es sich um die Fischanteile handelt, die aus dem Futtermittel stammen.

24. **Das McCroissant auf der Autobahn:** Kulinarischer Franzosismus, die Rache der USA dafür, dass die Franzosen auf ihrer eigenen Sprache bestehen und Anglizismen ablehnen. Entspricht von Konsistenz und Geschmack einer hellbraun gefärbten Papierserviette.

25. **Königsberger Klopse aus der Dose:** Zu diesem Lebensmittelderivat ist nichts zu sagen: Man stelle sich eine Dose Ravioli vor, die von einem IKEA-Köttbullar vergewaltigt worden ist. Der illegitime Spross hat die bleiche Farbe seines Vaters und die Konsistenz der Mutter. Eine frühzeitige Abtreibung wäre besser gewesen.

Warum es Hamster in ihren Laufrädern besser haben

In meinem nächsten Leben werde ich Goldhamster. Diesen Wunsch hege ich seit der Zeit, als mein dritt-jüngster Sohn mit einem solchen Tier nach Hause gekommen ist und seine großen bettelnden Kinder-augen[60] angeworfen hatte: »Papa, darf ich ihn behal-ten – bittebittebitte?«

Auf meine pädagogisch richtige Antwort hin war er damals – wie gewohnt – laut schluchzend zu mei-ner Frau gerannt. Die daraufhin einsetzende Diskus-sion endete – ebenfalls wie gewohnt – damit, dass ich mich schlecht[61] fühlte und mein Sohn seinen Willen durchsetzte.

Seit dieser Zeit durfte ich das Leben des Gold-hamsters jedes Mal bewundern, wenn ich das Tier fütterte oder seinen Käfig saubermachte. Zwar hatte ja eigentlich mein Sohn fest versprochen, dass er (und nur er) diese Arbeiten erledigen würde. Tat-sächlich war genau dieses Versprechen der Formel-kompromiss gewesen, mit dem ich gesichtswahrend dem Verbleib des neuen Hausgefährten zugestimmt

---

[60] Den unwiderstehlichen bettelnden Augenaufschlag beherrscht jedes Kind. Vermutlich lernen sie ihn in der Vorschule, in der Arbeits-gruppe »Eltern rumkriegen leichtgemacht«.

[61] »Schlecht« nicht im Sinne von »schlecht«, sondern von »SCHLECHT!!«

hatte. Aber Kinder haben generell neben Schule-HausaufgabenFreundebesuchenInsKinogehenFuß-ballspielenGelangweiltherumhängen natürlich ü-ber-haupt keine Zeit. Und meine Frau weigerte sich standhaft, das Tier und seinen Käfig auch nur anzu-rühren. Also (»Schließlich ist es dein Sohn!«) durfte ich an den wenigen Tagen, an denen mein Sohn keine Zeit hatte – vermutlich nicht öfter als sechs-mal in der Woche – das Nagetiermanagement über-nehmen.

Dem Hamster war das einerlei. Neben fressen, schlafen und stinken tat er das, was mich sehr an meine berufliche Situation erinnerte: Er rannte un-unterbrochen in seinem Laufrad, das unerbittlich jede Nacht mehrere Stunden vor sich hin quietschte und in den darauffolgenden Monaten die gesamte Familie an den Rand des schlafmangelinduzierten Kollektivsuizids trieb.[62]

Zwar war beim ihm – genau wie bei mir – die räumliche Trennung zwischen Zuhause und Arbeits-platz aufgehoben. Allerdings hat mein Hamsterrad

---

[62] Deswegen war bei allen Familienmitgliedern mit Ausnahme mei-nes Drittjüngsten der Schmerz ertragbar, als der Hamster eines Tages dem offenen Käfig entwich und erst wiedergefunden wurde, als mein Sohn nach Beendigung der langen, aber vergeblichen Suchaktion sein Sofa zurück an die Wand schob, worauf er ein lautes »Knack« vernahm. Die anschließende Hamster-Beerdigung (Garten, Papp-schachtel, Grabstein, Trauerreden aller Anwesenden) war jedoch sehr bewegend.

ein Intel-Logo und steht auf dem Schreibtisch neben meinem Bett. Zudem musste es nie einen Kunden besuchen und zu diesem Zweck Bahn oder Flugzeug besteigen.

Meinen dicken Goldhamster hätte ich sehen mögen, wenn er das hören würde, was ich regelmäßig vernehmen muss: »Aufgrund eines Personenschadens kann die S-Bahn, in der Sie sich befinden, leider nicht zum Flughafen fahren.« Ich bin der festen Überzeugung, dass bei der Jahreshauptversammlung der Münchner Suizidgefährdeten nach »Nachwahl des verstorbenen Vorstands« sich stets ein Tagesordnungspunkt auf der Agenda befindet, der in etwa lautet: »Terminharmonisierungen unserer künftigen S-Bahn-Selbstmorde mit der Reiseplanung von Joachim Graf.«

Deshalb habe ich längst eine eigene Durchwahl bei der Münchner Taxiinnung. Ohne Taxifahrt von meiner liegengebliebenen S-Bahn[63] zum Abflugterminal kommt mir eine Reise inzwischen irgendwie unvollständig vor.

Ich bin außerdem mittlerweile dazu übergegangen, statt Billigflügen ausschließlich die teureren

---

[63] Laut Münchner Volksweisheiten gibt es nur vier Zeiten, an denen mit Ausfällen im Münchner S-Bahn-Netz zu rechnen ist: Frühling (Sturm, Äste auf dem Gleis), Sommer (überhitzte Motoren), Herbst (nasses Laub auf den Schienen) und Winter (durch Schneebelastung abgebrochene Äste auf dem Gleis). Bei mir kommen die Selbstmörder hinzu.

umbuchbaren Flüge zu buchen. Denn wenn ich schließlich mit dem Taxi endlich durch den (garantiert vorhandenen) Stau am Terminal angekommen bin, dann scheitert ein pünktlicher Check-in bei mir stets daran, dass ich in der falschen Schlange an der Sicherheitskontrolle stehe.

Es ist stets meine Schlange, in der eine alte Frau steht, die einen ganzen Sack voller Pröbchen im Handgepäck dabei hat und nun ausgiebig mit dem Sicherheitspersonal darüber feilscht, warum sie die Flüssigkeiten nicht in Plastiktüten einschweißen kann. Oder vor mir steht ein ganz wichtiger Manager, der seinen ganz wichtigen Flieger kriegen muss, sich vordrängelt und dann über die Nagelschere im Handgepäck seiner Frau diskutiert.

Die Flughafenverwaltung beschäftigt außerdem, da bin ich mir absolut sicher, zahllose Mantelträger. Deren einzige Aufgabe ist es, sich in der Schlange vor mich zu stellen und erst in dem Moment langsam Mantel und Schal und Handschuhe und Sakko und Gürtel auszuziehen und in die Körbchen zur Durchleuchtung zu legen, wenn sie an der Reihe sind. Im Gegensatz zu mir, der sich schon zehn Meter vor der Sicherheitsschleuse halbnackt ausgezogen hat. Mantelträger erhalten außerdem von der Flughafenverwaltung als Teil der Arbeitskleidung hochhackige Stiefel, in denen so viel Metall eingearbeitet ist, dass die Überwachungselektronik anschlägt. Dann müssen die Schuhe (langsam, langsam) ausgezogen werden, zurückgetragen werden, in ein Körbchen gelegt werden, durchleuchtet werden, wieder angezogen werden. Während ich halbnackt vor der Durchleuchtungssperre auf und ab hüpfe und den Sekundenzeiger meiner Armbanduhr durch intensives Starren dazu bringen will, sich langsamer auf dem Zifferblatt voranzubewegen. Es gelingt mir nie.

Immerhin: Ich schaffe es stets so pünktlich zum Abflugterminal, dass mir die nette Frau vom Bodenpersonal noch erklären kann, dass der Flug vor drei Minuten endgültig geclosed worden sei, aber dass auf der Nachfolgemaschine unter Umständen noch ein Stehplatz im Klo frei ist.

In langen Reisejahren habe ich gelernt: Das Leben eines Global Citizen besteht aus Warten auf dem Flughafen. Aus Warten, schlechtem, überteuertem Kaffee und dem Suchen nach Steckdosen für das Notebook, die nicht in der Putzkammer verborgen sind.

Das Einzige, was hingegen ein Goldhamster suchen muss, ist das Stückchen Apfel, das er beim Buddeln in den Sägespänen in eine Käfigecke gekickt hat. Das findet er allerdings mit Hilfe seiner ihm von der Natur mitgegebenen feinen Nase spielend. Ich jedoch suche für meinen leeren Notebook-Akku stets vergeblich eine Steckdose. Das mag zum einen daran liegen, dass die wenigsten Steckdosen über einen intensiven Eigengeruch verfügen. Und zum anderen, dass der liebe Gott und die Flughafenverwaltung es nicht eingerichtet haben, dass der gewöhnliche Joachim in den heiligen Hallen des globalen Personentransports so etwas Profanes wie eine Steckdose findet.

So bleibt mir in der Regel gar nichts anderes übrig, als mit leerem Notebook und voller To-do-Liste untätig in der Abflughalle herumzusitzen und meinen Mitreisenden beim Telefonieren zuzuhören.

Manchmal überlege ich mir dann, ob ich nicht in einen Sportschützenverein eintrete und Tontaubenschießen lerne. Ich würde mir dann eine lautstarke Pumpgun kaufen und statt auf Tontauben auf Handys Jagd machen:

- Das Smartphone des Telekommunikationsjunkies, der die Flughafenhalle auf und ab pilgert und die halbe Stunde bis zum Abflug nutzt, um seinem Schnuckiputzi und den 200 unfreiwilligen Zuhörern ebenso lautstark wie ausführlich zu erzählen, dass er jetzt in der Flughafenhalle ist und sein Flieger in einer halben Stunde geht: durchladen und WHAMM.

- Das Handy, das unausgeschaltet (»'tschuldigung, aber ich warte auf einen wichtigen Anruf aus dem Büro«) das dritte Mal in der Stunde die Vertragsverhandlungen unterbricht: durchladen und WHAMM.

- Das Mobiltelefon am Ohr des BMW-Fahrers, der sichtlich unaufmerksam quer über drei Spuren schneidet: durchladen und WHAMM.

- Das iPhone des gläubigen Appleianers, der es zu jedem passenden und unpassenden Zeitpunkt aus der Tasche zieht, es verliebt mit dem Zeigefingernagel streichelt und dabei jedem Anwesenden begeistert erzählt: »Schau mal, dafür habe ich inzwischen auch eine App«: durchladen und WHAMM.

Die Gefahr, künftig regelmäßig durch einen Regen von Chipteilen und Designplastiksplittern zu waten, steigt bei mir mit jedem Tag, an dem ich der telekommunikatorischen Notdurft meiner Mitmenschen ausgeliefert bin. Wenn auch Menschen leichter zu ertragen sind, die stumm E-Mails oder SMS schreiben: Wenn ich mit jemandem spreche, möchte ich eigentlich nicht, dass er parallel mal eben eine SMS tippt. Weil ich nicht weiß: Handelt es sich um etwas, was er ohnehin dringend erledigen wollte (»Vertrag ist fertig«; »Liebling, ich lasse mich scheiden«), geht es um mich (»Ruf mich an, ich muss hier mit einem Idioten reden, den ich nicht abwimmeln kann«), oder handelt es sich schlicht um jemanden mit Kommunikationsinkontinenz und Überfunktion seiner SMS-Drüse (»kjhkjhkjhkjhjkhadfjakahfb«)?

Aber bleiben Sie bitte dran, ich muss nur noch schnell eine SMS schreiben.

Die Deutsche Bahn: Das Einzige, was stört, ist der Passagier [64]

Ich fühle mich schuldig. Irgendwie hat die Deutsche Bahn immer nur Pech mit mir: Jedes Mal, wenn ich mit ihr fahren will, geht etwas schief. Entweder sind es die von Herbstblättern völlig verschmierten Schienen, die dafür sorgen, dass mein seit Wochen gebuchter Zug – leider, leider – ausfallen muss. Oder es sind Eis und Schnee, die völlig ungeplant Kälte über das Land bringen. Das sorgt dann wie jedes Jahr für ausfallende Heizungen in den Zügen und beispielsweise für bei Minusgraden völlig ungeheizte Schlafwagen. Meine Schuld: Andere Menschen fahren tagsüber Eisenbahn, nicht mitten in der Nacht. Da ist es bekanntlich noch kälter als sonst, was für Eisblumen an den Zugfenstern [65], tiefgefrorene Zudecken und eine ähnliche Laune beim Schlafwagenschaffner führt.

Ebenso wundersam für das Unternehmen Bahn sind die Minustemperaturen, die neben den Wagen unverständlicher Weise auch die Schienen betreffen, weswegen der Zugausfall dieses Mal dem Einfrieren von Weichen geschuldet ist.

---

[64] Und der störende Passagier, das bin natürlich immer ich.
[65] Immerhin: Für die Eisblumen hat die Bahn bisher noch keinen Aufschlag von mir verlangt.

Warum fahre ich auch immer gerade an blöden Tagen?[66] Kein Bahnmanager kann schließlich damit rechnen, dass es im Winter kalt sein wird, dass im Herbst Blätter auf den Schienen liegen und dass die Temperaturen im Sommer steigen. Ganz zu schweigen davon, dass niemand – schon gar kein Bahnmanager – mit Äste auf die Schienen schleudernden Stürmen im Frühling rechnen kann.

Doch es sind nicht nur die Jahreszeiten, mit denen ich zuverlässig das Unternehmen Deutsche Bahn torpediere. Alleine durch meine Anwesenheit gelingt es mir zuverlässig, Sand ins Rad-Schiene-System zu bringen. Zum Beispiel so:

Weil mein Kunde dieses Mal unbedingt wollte, dass ich ihn besuche, stehe ich an einem kalten Novembertag am Bahnhof in Mainz und warte auf meinen Zug nach München.[67] Ich bin jahrelang der festen Überzeugung gewesen: Mainz hat den schrecklichsten Bahnhof Deutschlands (grau, trostlos, zugig, kalt), bis ich vor einigen Jahren den Bahnhof Kas-

---

[66] Während es bei der Münchner S-Bahn Frühling, Sommer, Herbst und Winter sind, an denen sie mit der Beförderung von Passagieren Probleme hat, sind es bei der Deutschen Bahn Winter, Herbst, Sommer und Frühling, wie ich festgestellt habe.

[67] Meine Lektorin riet mir, diesen Satz umzuformulieren. »Am Bahnhof stehen« und »auf einen Zug warten« sei ein Pleonasmus. Nachdem ich gegoogelt hatte, wusste ich: Die Frau hat Recht, es ist ein weißer Schimmel. Oder haben Sie schon mal davon gehört, dass jemand sagt, er würde am Bahnhof stehen und in einen Zug einsteigen? Nein, dem Bahnhof ist das Warten inhärent.

sel kennenlernen durfte. Seit dieser Zeit wusste ich: Kassel hat den schrecklichsten Bahnhof Deutschlands. Mein Freund Hotte hingegen hatte jahrelang für Jena argumentiert, bis ich mich mit ihm letzten März am Hauptbahnhof in Hannover verabredet hatte. Seither sind wir uns sicher: Die Deutsche Bahn besitzt ausschließlich schrecklichste Bahnhöfe.[68]

Vermutlich existiert in der Bahnzentrale in Berlin irgendwo auf der Vorstandsetage ein Büro mit einem Kartenschrank, in dem Blaupausen für den Bahnhofsneubau gelagert werden. Und eine Stabsstelle mit mindestens fünf Bahnbediensteten, die vom Bahnvorstand eigens dazu angestellt wurden, die für einen künftig an der Börse gehandelten Verkehrskonzern nötige Schrecklichkeit seiner Bahnhöfe sicherzustellen.[69]

Ich stehe am Mainzer Hauptbahnhof und sorge mich. Denn ich weiß, dass die Fahrt mit der Bahn dann besonders zielgefährdet ist, wenn mehr als ein Zug darin verwickelt ist. Ein einziger Zug kann ausfallen oder sich verspäten. Bei zwei Zügen hingegen

---

[68] Immerhin: Es werden jedes Jahr weniger Bahnhöfe, was man in diesem Licht durchaus als Verbesserung betrachten kann. Insoweit dient die Bahnhofsstillllegung der Bahn der Steigerung der Lebensqualität in unserer Republik.
[69] Vermutlich gibt es auch hier eine von Transnet und GDL geprüfte Bahnlaufbahn: Man steigt ein als Assistenz-Schreckensoptimierer, macht eine Weiterbildung zum Junior-Zugigkeitsarchitekt und wird bei Eignung dann zum Senior-Kundenvergrauler befördert.

gibt es schon vier Arten, nicht rechtzeitig am Zielort anzukommen. Mit meinem schweren Reisekoffer in der einen und dem Notebook in der anderen Hand mache ich mich auf die Suche nach einem Bahnbeamten, der mir das bestätigen soll, was ich mir als Verbindung aus dem Internet herausgesucht hatte. (Muss ich erwähnen, dass die Website Bahn.de kaum erreichbar war – die Daten also quasi permanent Verspätung hatten?)

Allerdings lerne ich ein weiteres Mal: Was ein echter Bundesbahner ist, der kennt seinen Bahnhof. Er zieht sich schweigsam in die wenigen warmen Ecken zurück. Weil ich eben kein echter Bundesbahner bin, kenne ich diese wenigen geheimen Ecken deutscher Bahnhöfe nicht, in denen menschliches Leben möglich ist. Koffer schleppend wandere ich von Bahnsteig zu Bahnsteig, treppauf, treppab, inmitten Wartender, Suchender, zum falschen Gleis Strebender – doch Bundesbahner finde ich nirgends. Erst am einzigen geöffneten Fahrkartenschalter sitzt ein weiblicher Mensch, den ich als jemanden identifiziere, der sein Gehalt augenscheinlich von der Deutschen Bahn AG bezieht und folglich kompetent sein muss.

Zwölf Fahrkartenverkäufe später (darunter ein enorm zeitaufwendiger, bei dem es unter anderem um eine Nordseeinsel, eine nur zeitweise gültige Rentner-Sonderermäßigungskarte, eine Fahrtunterbrechung zwischen Ostern und dem Wochenende nach Maria

Himmelfahrt sowie um die Zugspitzbahn einschließlich ICE-Zuschlag geht) bin ich auch schon an der Reihe.

Die Bahnmitarbeiterin ist hübsch, höflich, nett, der deutschen Sprache weitgehend mächtig[70] und völlig ahnungslos, was die Verbindung von Mainz nach München (wahlweise über Stuttgart oder Karlsruhe) angeht. Schade, denn das wäre meine Strecke gewesen. Sie verweist mich auf den neuesten Schrei der Deutschen Bahn an deutschen Bahnhöfen: an die vollautomatischen Zuganzeige- und Vorausplanungsmonitore, die – wie sie es formuliert – »überall hängen«.

Keine zehn Minuten später habe ich auch schon einen solchen gefunden. Er ist defekt. An dem nächsten ist mit Klebeband ein Pappschild befestigt, auf dem ein neckischer Maulwurf verkündet: »Wir bauen für Sie. Bitte haben Sie Verständnis.«

Voller Verständnis irre ich weiter durch den Mainzer Bahnhof, bis ich endlich hinter einem mannshohen Bretterzaun (»Wir bauen für Sie. Bitte haben Sie Verständnis.«) einen funktionieren Bildschirm entdecke. Er informiert mich darüber, dass die dort gezeigten Anzeigen nicht stimmen und ich auf die Lautsprecherdurchsage achten solle. Alarmiert höre

---

[70] Sofern man Sächsisch als Teil der deutschen Sprache bezeichnen will.

ich auf: Tatsächlich bin ich noch nie in meinem Leben auf einem Bahnhof gewesen, in dem es so ruhig war. Geradezu beängstigend still. Denn aus den Lautsprechern dringt kein Ton. Kein Pieps. Nicht einmal das bahnübliche: »*Bitte Vorsicht an Gleis KRRCHZ. Der Intercity von KRRCHZ nach KRRCHZ verkehrt heute ausnahmsweise auf Gleis KRRCHZ.*«

Doch als erfahrener Weltenbummler und Bahnreisender weiß ich mir natürlich zu helfen. Ich lege mich vor der Bahnhofstoilette auf die Lauer, indem ich mich unauffällig zwischen Sexshop und Ansichtskartenkiosk herumdrücke. In der folgenden Viertelstunde bin ich gezwungen, sowohl eine Ansichtskarte »Besuch im Gutenbergmuseum« (1,99 Euro) als auch die lustigen Scherzkondome in der Familienpackung (5,99 Euro) zu erwerben, um die misstrauischen Ladenbesitzer zu beruhigen. Endlich passiert, worauf ich gehofft hatte: Aus einer Tür, die von außen nicht als eine solche erkennbar ist, schleicht sich ein an seiner roten »Auskunft«-Mütze als Bahnbediensteter Erkennbarer, sich dabei vorsichtig nach allen Seiten umsehend. Ich ducke mich hinter dem Postkartenständer zum Sprung und werfe meinen durchgefrorenen Körper mit aller Kraft gegen die völlig überraschte Rotmütze. Er zerrt und zappelt, aber ich drücke seine Handgelenke unbarmherzig gegen den Fußbodenbeton, so dass er seine Waffen – Entwertungszange und rote Abfahrkelle – wirkungslos fallen lassen muss.

»Wann – und – wo – fährt – der Zug – nach – München?«, keuche ich, während ich mein ganzes Körpergewicht einsetze, um den sich mit aller Kraft Windenden festzuhalten.

»Wenn – Sie – mehr – nicht – wissen – wollen«, japst er, seinen Oberkörper hin und her werfend. »In acht Minuten auf Gleis zwei.« Befriedigt lasse ich den Mann los und mache mich siegessicher auf den Weg.

Der Zug fährt anderthalb Stunden später von Gleis vier ab.

Es ist ein erhebendes Gefühl, in einem Zug zu sitzen, der in die richtige Richtung fährt. Zumindest, wenn man einen Sitzplatz ergattern kann, im Abteil kein Lauttelefonierer sitzt (»Ich bin jetzt im Zug und telefoniere. Ich ruf dich gleich nochmal an«), der iPod des Sitznachbarn nicht auf Konzertlautstärke gedreht ist und auf der anderen Seite niemand sitzt, der – ginge es auf der Welt gerecht zu – eigentlich für anderthalb Sitzplätze zahlen müsste, den Aufschlag allerdings erlassen bekommt, weil er einen halben Sitzplatz von mir mit benutzt.

Meine minder fröhliche Stimmung wird weiter getrübt durch den Schaffner, der sich mein Internetticket betrachtet und hrrmht. Wenn eine Amtsperson hrrmht, dann weiß ich: Jetzt ist Ärger im Anmarsch. Zumindest für mich.

»Wo ist denn der Anhang zu diesem Ticket?«, will die Amtsperson folgerichtig von mir wissen.

Ich sehe ihn fragend an. Anhänge im Internet, da denke ich an Dateien, Viren, externe Festplatten. Aber Berechtigungsscheine zur Benutzung von Rad-Schiene-Verkehrssystemen?

Die Amtsperson tritt einen Schritt zurück, weil sie mich offenbar wegen meines ungläubigen Schweigens für einen Ausländer hält – wahlweise Türke, Saupreuße oder Taliban: »Ich Ausdruck nicht lesen können. Sie verstehen?«, formuliert er in gut verständlichem Bahn-Ausländisch.

»Nein, ich verstehe nicht«, erwidere ich patzig. »Ich habe online bestellt, bezahlt und habe ein Ticket. Wo ist das Problem?«

Ich hatte es wieder getan. Einmal mehr hatte ich göttliche Wege angezweifelt. Und für Häretiker des wahren Glaubens hat der mir gegenüberstehende Apostel in Dunkelblau natürlich überhaupt kein Verständnis. Obwohl ich alle Codes, Rechnungsnummern, Bestellbestätigungscodes, meine belastete Scheckkarte, mein Grundschulzeugnis sowie die Heiratsurkunde meiner Großmutter vorweisen kann, hat der Halbgott des Fahrscheins ein überzeugendes Argument, das jeden Einwand meinerseits aus dem Feld schlägt: »Da könnte ja jeder kommen.«

Ich erkenne: Er hat ja so Recht. Ich bin ein Jedermann, ein bahnfahrendes Nichts. Ein Störenfried des Betriebsablaufs. Nachdem das für Gott auf befriedigende Art klargestellt ist und ich auf meinen (niederen) Platz verwiesen bin, stellt er mir gnädigerweise einen zweiten Fahrschein aus. Meinen unreinen, befleckten, ohne Anhang als häretisch erkannten soll ich am Service-Point zurückgeben, erteilt der Lichtgeber mir die Absolution. Weinend vor Glück und Dankbarkeit sinke ich vor ihm auf die Knie. Ich habe das Licht gesehen. Von nun an werde ich gläubiger sein, keine anderen Verkehrsmittel neben ihm nutzen und stets Anhänge ausdrucken, so schwöre ich unter dem lauten Applaus meiner Mitreisenden.

Mit einer herrischen Handbewegung entlässt mich mein geistiges Alpha und Omega, drückt mir als Zeichen meines Konvertitentums meine neue, gültige Fahrkarte in die zitternde Hand und widmet sich mit einem lautstarken »Die Fahrkarten BITTÄH!« im Nachbarabteil wieder seiner Missionsarbeit.

Natürlich erhalte ich am Service-Point in Karlsruhe mein Geld nicht zurück. Denn erstens sei man dazu technisch nicht ausgestattet, wie mir die nette Bahnbedienstete streng bescheidet. Und außerdem sei das Internet ein anderer Vertriebsweg. Zudem sei die Fahrkarte falsch, die der unfähige Zugbegleiter ausgestellt hatte, weil mit einem zu niedrigen Preis ausgestellt. Die Fahrt über Karlsruhe dauere länger und sei daher teurer.

Ich nicke verständig. Ursprünglich wollte ich ja einwenden, dass mein Umweg über Karlsruhe vertriebsbedingt gewesen sei. Aber natürlich ist das blanker Unsinn. Drei Stunden Aufenthalt im Schwimmbad sind ja auch teurer als nur eine Stunde. Und wenn man sich eine große Tafel Schokolade kauft, dann muss man mehr zahlen als für eine kleine. Dankbar für die erneute Belehrung lege ich ein weiteres Mal einen Obolus in den Klingelbeutel meiner Transportkirche und trolle mich zurück zum Bahnsteig, um meine Andacht wieder aufzunehmen: Ich warte.

Im Universum meiner Kirche existieren mehrere Stufen der Erleuchtung. Ich befinde mich offensichtlich auf der untersten: Eingeklemmt zwischen Toilettentür und Ausstieg und bedrängt von unzähligen fröhlichen Fußballfans, die den Sieg (oder die Niederlage?) ihrer Mannschaft mit großen Mengen Alkohol begehen[71], nähere ich mich der nächsten Herausforderung meines Glaubens: dem Umstieg auf eine höherwertige Art der Beförderung. Ich muss in den Zug der besseren Menschen wechseln, den ICE.

Die Zwei-Klassen-Religion der Bahn funktioniert wie folgt:

- Wer in einem ICE sitzt, kann sich sicher sein: Egal, wie viel Verspätung er hat, ob Minuten, Tage oder Monate – der minderwertige Zug mit seinen min-

---

[71] Dem Vereinslogo und den Farben konnte ich entnehmen, dass es sich wohl um Anhänger der Münchner »Löwen«, also des TSV 1860 handelte. Dem Gesetz der Wahrscheinlichkeit zufolge werden sie deshalb wohl verloren haben.

derwertigen Passagieren muss warten. »Unser Zug hat zurzeit 130 Minuten Verspätung und muss nur noch auf den verspäteten ICE von den Weihnachtsinseln warten« – in den Genuss einer solchen Lautsprecherdurchsage kommt nur ein Regionalverkehrszugpassagier.

- Sollte umgekehrt der Regionalverkehrszug auch nur zehn Sekunden Verspätung haben: Der hochnäsige ICE kann, will, wird nicht warten. Egal, ob es sich um den im Stundentakt fahrenden Linien-ICE handelt, oder um den nur einmal am Tag verkehrenden Europaexpress vom Nordkap nach Sizilien. Selber schuld, wenn man dann 23 Stunden und 59 Minuten auf den nächsten Zug warten muss.

Bei mir ist das immer so: Entweder sitze ich in einem ICE. Der ist dann stets pünktlich (und der Regionalverkehrszug verspätet sich). Oder ich bin in einem Regionalverkehrszug. Der hat natürlich Verspätung, und ich verpasse meinen ICE, muss auf den nächsten warten – und der hat dann Verspätung.

Wie ich es anstellen könnte, auch nur einmal durchgängig mit pünktlichen Zügen zu fahren – das habe ich bislang noch nicht herausgefunden. Wahrscheinlich fehlt mir einfach nur der Anhang zu meinem Ticket.

Der Kölner Wahn

Die Aufgabe ist eigentlich denkbar einfach. Ich will nach Bonn, ins dortige Entwicklungshilfeministerium. Dazu nutze ich das Flugzeug zum Bonner Flughafen. Genauer gesagt zum Flughafen Köln/Bonn, wie er heißt.[72] Ich lerne allerdings erst später, dass die Bezeichnung »Bonn« in seinem Namen lediglich der Hybris Bonner Regional- und bundesdeutscher Sonstwas-Politiker entspringt – und eben nicht einer geografischen oder gar verkehrstechnischen Nähe. Auf dem Weg aus dem Flieger folge ich der fehlenden Beschilderung zum Ausgang. Sie weist mich zum »Abflug«. Aber irgendwie will ich ja ohnehin die Fliege machen. Dankenswerterweise fliegt man nicht alleine, so dass ich hinter den anderen Fluggästen her Richtung Ausgang trotten kann.

Was mich in diesem Zusammenhang interessiert: Sind Sie schon einmal als Erster aus einem Flugzeug ausgestiegen? Oder kennen Sie jemanden, der das schon einmal ist? Ab und an, wenn ich mal wieder mehrere Stunden zu früh am Flughafen bin, versuche ich, mich auf den Sitz A1 einzuchecken, um auch mal als Erster das Flugzeug verlassen zu können und diese Macht zu spüren. Aber es ist mir bisher nie gelungen. Der Sitz ist immer als besetzt gekennzeichnet.

---

[72] Warum der Stadtteil, in dem er gebaut wurde, Köln-Wahn heißt, davon handelt diese Geschichte.

Was mich gleichermaßen interessiert: Bezahlen die Fluggesellschaften eigentlich bei jedem Flug einen, der der Meute zur Gepäckausgabe vorwegzockelt, weil sie wissen, dass die Flughafenarchitekten niemals ihre schönen Abfertigungshallen mit so etwas Schnödem wie Leitschildern verschandeln würden? Vielleicht hatten die Fluggesellschaften früher Ärger mit bösartigen Menschen, die der Meute vorangegangen waren, nur um dann vor dem Imbissstand ihres Cousins anzuhalten: »Zum Ausgang? Wieso zum Ausgang? Ich wollte nur eine der wundervollen Bratwürste probieren. Sie sollten auch einmal ... Wo laufen Sie denn hin?«

Durch den Agenten von Air Berlin geleitet, verlasse ich also den Flughafen und folge fröhlich dem Schild, das in großzügigen Lettern einen »Bus« ankündigt. Und folge dem nächsten Schild. Und dem nächsten Schild. Vorbei an Terminals und Parkdecks und Terminals und Parkdecks. Eine gute Viertelstunde Fußmarsch später stehe ich vor einer verwaisten Bushaltestelle, die stolz die Dienstleistungen von Air Germania anpreist. Sonst natürlich nichts. Keine Busnummer. Keine Haltestellenbezeichnung. Und natürlich erst recht keinen Fahrplan. Immerhin: zehn Meter weiter die nächste Bushaltestelle, die sich nur durch die beworbene Dienstleistung (»Fly Air Berlin«) von ihrer Vorgängerin unterscheidet.

Die nächste Bushaltestelle gewinnt ihre Existenzberechtigung durch ein gründlich abgekratztes und überspraytes Schild, auf dem man mit viel Fantasie noch die Information »wird nicht mehr angefahren« entziffern kann. Vielleicht heißt es ja auch »wer hier auf dem Kölner Flughafen landet, der lasse alle Hoffnungen fahren«. Aber ich will mein Glück nicht auf die Probe stellen. Da entdecke ich ein herrenloses Schild, das die Freuden des Reisens mit der Deutschen Bahn preist. Spontan beschließe ich, das Risiko öffentlichen Nahverkehrs durch das Risiko einer Beförderung mit einem Börsengangaspiranten zu vertauschen.

Eine weitere Viertelstunde später erreiche ich den von modernen Architekten gestalteten Bahnhof »Flughafen Köln/Bonn«. Zu erkennen ist das moderne Design am Fehlen sämtlicher Schilder, sämtlichen Bedienpersonals und kaputter Fahrkartenautomaten.

Nachdem ich zuerst den Automaten mit defekter Scheinannahme, dann den mit fehlerhaften Münzerkennung und schließlich den Automaten probiert habe, dessen Kreditkartenerfassung nicht funktioniert, stoße ich schließlich auf ein vom Schicksal übersehenes Gerät, das mir wohl aus purer Verwirrung anstandslos einen Fahrschein ausdruckt und sogar die richtige Menge Wechselgeld zurückgibt. Ich beschließe insgeheim, dem großen Gott der heilen Maschinen bei meinem nächsten Besuch in seiner Kirche ein wenig Öl auf den Altar zu gießen, markiere den heilen Automaten in »Google Maps« unter der Rubrik »Kölner Sehenswürdigkeiten« und mache mich auf den Weg zum Zugfahrplan, den ich nach nochmals fünfzehn Minuten Suche am Rande der Halle unter einer Rolltreppe finde.

Was ich nicht finde, ist ein Zug nach Bonn Hauptbahnhof. Alle Arten von Köln. Jede Menge von rheinischen Käffern von Troisdorf bis Berlin – aber kein »Bonn Hbf«. Wen fragen – wenn das einzige Schild an dieser gastfreundlichen Stätte davor warnt, eventuell vorhandenes Dienstpersonal anzusprechen (»Nicht stören – Grenzpolizei bei der Ausbildung«)?

Die vorbeiwischende Reinigungsfachkraft aus Ostanatolien, die ich als nicht grenzpolizeilich unter Quarantäne stehend erachte, erklärt mir in gebrochenem Deutsch (später werde ich lernen, dass es sich um den sogenannten »Kölner Südstadtdialekt« handelt), dass man von Köln aus Bonn nicht erreichen kann (offenbar ebenso wenig, wie man von Köln aus Düsseldorf erreichen kann, aber das ist wieder eine ganz andere Geschichte). Weil man auf der anderen Rheinseite sei, solle ich doch bis Köln fahren. Und von dort bis Bonn. Das leuchtet ein. Schließlich führen alle Wege nach Köln.

Zwei in tiefstem Gespräch versunkene Bahnbeamte mit rotem Mützchen (das angeblich bedeuten soll »Frag mich doch«) frage ich dennoch sicherheitshalber. Doch sie erklären mir nicht – wie ich vermutet hatte –, dass die Wege nach Bonn über Köln führen. Sondern offenbar bemüht, übermäßiges Fahrgastaufkommen in ihren Zügen zu vermeiden, erklären sie mir den Weg zum Direktbus nach Bonn Hauptbahnhof. SB60, so lerne ich, sei einem schnöden Zug vorzuziehen, weil viel schneller – wegen der anderen Rheinseite.

Ich folge ihrer Anweisung »geradeaus und links und zwei Treppen hoch« und erreiche eine knappe Viertelstunde später eine Ansammlung von Treppen, die sicherlich dem konstruierenden Architekten den Sonderpreis beim internationalen Architektur-Award eingebracht haben. »Die meisten Treppenaufgänge pro umbautem Quadratmeter«-Sonderpreis oder »Mehr Richtungen, als der Kompass erlaubt«-Award oder etwas in der Art.

Ein vorbeigehender blonder Kölner, von mir ob der korrekten Richtung zu SB60 befragt, schickt mich in gebrochenem Türkisch zurück, wo ich eine kleine Viertelstunde später auch tatsächlich bei einer gültigen Bushaltestelle ankomme. Sogar mit einem Fahrplan. Erstaunlicherweise sogar mit einem lesbaren Fahrplan und nicht so einem, der von Wind und Wetter gegerbt schlammfarbene Schrift auf schlammfarbenem Grund zeigt. Und sogar mit einem, der für mich verständlich ist.[73]

---

[73] Sie sollten mal versuchen, einen Fahrplan im Tarifgebiet des MVV in München zu lesen. »Verkehrt täglich außer in Schulferien.« – »Verkehrt nur an hohen bayerischen Feiertagen.« – »Kein Verkehr während der CSU-Parteitage und bei Rücktritt des bayerischen Ministerpräsidenten.« Letzteres kommt ja zum Glück seit einiger Zeit nicht mehr ganz so häufig vor.

Diesem vorhandenen, leserlichen und dazu noch verständlichen Fahrplan entnehme ich: Der von mir so sehnsüchtig gesuchte Bus fährt exakt von hier ab. Und zwar jede halbe Stunde.

Nächste Fahrt in 29 Minuten.

Famous last words

Von vielen großen Männern (und Frauen) sind als die letzten Worte auf ihrem Totenbett unsterbliche Bonmots überliefert. Wesentlich profaner – aber ebenso unsterblich – sind die letzten Worte von gewöhnlichen Menschen.

Was ist schon – aus dramaturgischer Sicht – Goethes Forderung nach »Mehr Licht« gegenüber der Frage eines Heimwerkers, ob denn auf dem Kabel der Steckdose, die er gerade im Begriff steht in die Wand zu schrauben, noch Strom ist? Natürlich nur gesetzt den Fall, dass seine (letzte) Frage von den Umstehenden bejaht werden konnte.

Dabei muss man gar nicht so weit gehen wie die Erfinderin des Darwin-Awards. Nominiert werden für diesen Award kann jeder, der seine Gene aufgrund einer »*außergewöhnlich idiotischen Fehleinschätzung selbst aus dem menschlichen Genpool entfernt oder seine eigene Fortpflanzung verhindert und so die Überlebenschancen unserer Spezies langfristig erhöht*«, wie es in der Award-Beschreibung heißt. Natürlich nur posthum.

Seit 1994 sammelt die Biologin Wendy Northcutt Fälle, die diesen Kriterien entsprechen, und veröffentlicht sie auf ihrer Homepage.[74] Jedes Jahr kürt sie mehrere Sieger – wobei sie sich nicht zu schade ist, zusätzliche »ehrenvolle Erwähnungen« zu vergeben. Insgesamt 400 Awards und mehrere Hundert ehrenvolle Erwähnungen hat die Dame verdienstvollerweise inzwischen zusammengetragen, so beispielsweise für das Jahr 2009 unter anderem:

- die Geschichte von einem Mann aus Pennsylvania, der im strömenden Regen die 4800-Volt-Hochspannungsleitung zu seinem Haus reparieren wollte, sich zur Sicherheit Plastiktüten an die Füße band und dann ausrutschte.
- Unvergessen auch die Frau aus Louisiana, die sich mit ihrem Freund im fahrenden Auto stritt, weil er zu langsam fuhr. »Da kann ich ja schneller laufen«, hat sie noch geschrien, die Beifahrertür aufgerissen und den Fuß aus der Tür gehalten. Weil sie nicht angeschnallt war und das Gleichgewicht verlor, ist sie nicht mehr Teil des menschlichen Genpools.

---

[74] *http://www.darwinawards.com/*

- Und dann war da noch der indische Los-Verkäufer Pravin Kuse, der eines Nachts davon träumte, dass im Nachbarhaus ein Topf Gold vergraben sei. Er grub Tag und Nacht einen Tunnel, bis dieser vier Meter tief war, einstürzte und ihn verschüttete. Die Feuerwehr fand nur seine Leiche, einen Spaten und eine noch brennende Taschenlampe.

Der deutsche Darwin-Preis[75] wird erst seit 2008 verliehen. Offensichtlich arbeiten auch immer mehr Deutsche daran, auszusterben. Dokumentiert sind mittlerweile unter anderem die folgenden Fälle:

- Ein 17-jähriger Dortmunder war auf eine Eisenbahnbrücke geklettert, um vom höchsten Punkt der Brücke in einen Kanal zu springen. Unglücklicherweise übersah er dabei die 15 000-Volt-Starkstromleitung.
- Eine 48 Jahre alte Dame im oberbayerischen Bad Wiessee hatte sich einen nagelneuen Grill gekauft und wollte ihn ausprobieren, tat dies allerdings bei geschlossenem Fenster im eigenen Schlafzimmer. Die Tote wurde im Bett gefunden, daneben der erkaltete Grill. Todesursache: Kohlenmonoxidvergiftung.

---

[75] *http://www.darwinpreis.de/*

- Ein 25-jähriger betrunkener Seemann stieg zur Oktoberfestzeit in einem Münchner Hotel ab und wollte offensichtlich aus dem Fenster pinkeln. Er stürzte sechs Stockwerke tief in den Hof und wurde gegen 7:00 Uhr morgens – mit heruntergelassener Hose – im Hof des Hotels gefunden.

Manchmal reichen eben Pech und abwesendes Glück alleine nicht aus. Dann kann allerdings Genpool bereinigend mit Dummheit nachgeholfen werden. Und diese ist ja bekanntlich, neben Wasserstoff, der am häufigsten auftretende Stoff im Universum.

Wir wissen natürlich nicht, was die Träger der Darwin-Awards zuletzt gesagt haben. Aber es gibt letzte Worte, die es wert sind, überliefert zu werden – selbst, wenn sie nicht tödlich und somit keine allerletzten Worte sind:

➡ »Ich glaube nicht, dass auf diesem Kabel Strom ist.«

➡ »Mach den Reißverschluss ruhig mit Gewalt zu, ich habe drei Kilo abgenommen, und das Kleid sitzt jetzt wie angegossen.«

➡ »Der Notebook-Hersteller hat geschrieben, dass der Prozessor die Hochtaktung problemlos aushält.«

➡ »Ich glaube nicht, dass dieses Programm einen Virus enthält.«

→ »Du kannst ruhig abschalten, ich habe die Änderungen an der Vorstandspräsentation schon gespeichert.«

→ »Pack nur alles in den Schredder. In dem Papierstapel sind bestimmt keine wichtigen Dokumente mehr.«

→ »Lösch ruhig den Flickr-Account. Ich habe ja alle Bilder nochmal auf der Festplatte.«

→ »Das eine kleine Glas Wasser, das ich im Badezimmer im Hotel getrunken habe, wird mir schon nichts ausmachen.«

→ »Natürlich bin ich mir sicher, dass ich vor unserer Abreise den Herd ausgeschaltet habe.«

→ »Meine Notstromversorgung puffert diese Stromschwankungen mühelos.«

→ »In den Notebook-Akkus ist garantiert noch genug Saft für die gesamte Kundenpräsentation.«

→ »Du kannst den Computer ruhig trotz des Gewitters anlassen, schließlich haben wir einen guten Blitzableiter.«

→ »Lad die Partybilder ruhig auf Facebook hoch, bei uns in der Firma hat keiner einen Account.«

→ »Unsere Firewall ist hackersicher.«

→ »Natürlich ist die Leitung sicher genug, um deine Kreditkartennummer online zu übertragen.«

→ »Das ist die neue Dateiversion, du kannst die alte damit überschreiben.«

→ »Meine Frau kennt dieses Flirtportal garantiert nicht. Außerdem hat sie keinen Zugriff auf meinen E-Mail-Account.«

→ »Für dieses kleine Bohrloch brauche ich keinen Leitungsprüfer. Die Gasleitungen laufen an der anderen Wand.«

Manchmal sind Worte Taten, die daraufhin zu *Famous Last Words* mutieren. Wer beispielsweise als Freelancer einen Kunden loswerden will, muss nur am Tag des angegebenen Zahlungsziels morgens mit der Begründung »unbezahlte Rechnung« kündigen oder stolz verkünden, dass man bei einem früheren Auftraggeber einige Stunden zu viel abgerechnet habe. Auch beim Antritt eines neuen Jobs am zweiten Tag zu erklären: »Das ist gut, dass ich es hier sehr locker angehen kann«, verkürzt die freiberufliche Tätigkeit garantiert.

Aus eigener Erfahrung kann ich allerdings sagen: Das garantiert Gefährlichste, was man mit Worten anstellen kann, ist es, eine Frau zu loben, die nicht die eigene ist. Hier sind meine ganz persönlichen *Top 3*:

3. Platz: »*Schau mal dieses Kleid, in das du nicht hineingekommen bist. Bei der Frau da drüben sieht es richtig klasse aus.*«

2. Platz: »*Du kochst fast so gut wie meine Mutter.*«

1. Platz: »*Mit der neuen Sekretärin im Büro habe ich mich heute richtig gut unterhalten. Das ist eine sehr nette, intelligente und hübsche Frau.*«

Heute habe ich übrigens Post von meiner Frau bekommen. Kennen Sie vielleicht einen guten Scheidungsanwalt?

Fazit

Im Kampf zwischen dir
und der Welt stellst du dich besser
auf die Seite der Welt.[76]

---

[76] Wobei es keine Rolle spielt, ob es sich um die gegenwärtige oder die zukünftige Welt handelt. Ich habe mich innerlich bereits auf folgendes Szenario eingestellt: Wenn ich mich eines (hoffentlich) fernen Tages, nachdem ich bereits vor dem großen Himmelstor abgewiesen wurde, auf den Weg in die Hölle mache, dann werde ich nach meinem Eintreffen dort mit Sicherheit feststellen müssen, dass der Eingang zugefroren ist.